Witold Koszela

The French Aircraft Carrier Clemenceau

The French aircraft carrier "Clemenceau" is one of the largest and most powerful ships that served the Marine Nationale. Her keel was laid in November 1955 at the Brest Arsenal Ch. Atlantique in St. Nazaire, and she was launched two years later – on December 21st, 1957.

Together with the twin "Foch", it was built on the basis of a project developed from the beginning of the 1950s, which included almost all of then novelties that were introduced in the construction of this type of ships. Therefore, she received, among others: a sloped flight deck with two lifts, mirror systems facilitating the approach to landing, means of observation enabling early detection of surface units and means of air attack, and modern catapults adapted to work with jet aircrafts with a large take-off mass.

The length of the flight deck was 257 meters, the main runway was 165.5 meters long and 29.5 meters wide, with a deviation from the centre of the ship by 8 degrees. The hangar below it was 180 meters long and 22 meters wide.

In more than forty years of service, which began on November 22, 1961, the "Clemenceau" performed countless tasks in both European and Pacific waters. She supported the activities of the land forces, incl. in former French colonies and during nuclear tests. Together with "Foch", she formed one of the strongest task force in the Mediterranean region and the waters of Western Europe.

More important events from her service include: a cruise to the Djibouti region in 1974. In the years 1982–1984 she provided air support to French peacekeepers during the war in Lebanon. In the years 1987–1988 she secured French navigation in the Persian Gulf region during the Iran–Iraq war. In 1991, she participated in combat operations during the Persian Gulf War, and in the years 1993–1996 she provided air support to peacekeepers engaged in the territory of the former Yugoslavia. Over those years, the ship has undergone a series of modernizations.

Initially, the core of the air group were F-8 *Crusader* aircrafts, and defensive armament consisted of eight 100mm guns. The first major reconstruction was carried out in the years 1977–1978. The ship was then adapted to operate *Super Etendard* aircrafts that could carry *Exocet* anti-ship missiles and tactical nuclear weapons in the form of AN-52 bombs. This required a reconstruction of the hangars and storerooms which had to be adapted to storage the above-mentioned nuclear missiles. In addition, catapults, communication and air traffic control systems were modernized.

The second major modernization took place in 1985–1987. The defensive armament was then strengthened by dismantling four 100mm guns and installing AA rocket launchers with guided Crotale missiles. The SATCOMM communication system was also installed, and later the AIDCOMER command system.

In 1992–1993, work was carried out to base new aircrafts. *Simbad* launchers for *Mistral* missiles were also installed.

The "Clemenceau" was decommissioned on October 1, 1997, but a few more years had to pass before decisions were made about her fate. Eventually, she was scrapped, and the demolition works were carried out in 2009–2010.

Francuski lotniskowiec „Clemenceau" to jeden z największych i najpotężniejszych okrętów, jakie pełniły służbę w Marine Nationale. Stępkę pod jego budowę położono w listopadzie 1955 r. w stoczni Brest Arsenal Ch. Atlantique w St. Nazaire, a zwodowano dwa lata później – 21 grudnia 1957 roku.

Wraz z bliźniaczym „Fochem" zbudowano go w oparciu o opracowywany od początku lat 50. XX wieku, projekt, w którym przewidziano niemal wszystkie ówczesne nowości, jakie wprowadzano w konstrukcjach tego typu okrętów. Okręt otrzymał więc m.in.: skośny pokład lotniczy z dwoma podnośnikami, systemy luster ułatwiających podejście do lądowania, środki obserwacji umożliwiające wczesne wykrywanie jednostek nawodnych i środków napadu powietrznego oraz nowoczesne katapulty przystosowane do współpracy z samolotami odrzutowymi o dużej masie startowej.

Długość pokładu lotniczego wynosiła 257 metrów, pas główny miał 165,5 m długości i 29,5 m szerokości, z odchyleniem od osi symetrii okrętu o 8 stopni. Znajdujący się pod nim hangar miał 180 m długości i 22 metry szerokości.

Przez ponad czterdzieści lat służby, którą okręt rozpoczął 22 listopada 1961 roku, „Clemenceau" wykonał niezliczoną ilość zadań zarówno na wodach europejskich, jak i Pacyfiku. Wspierał działania wojsk lądowych, m.in. w byłych koloniach francuskich i podczas prób atomowych. Razem z „Fochem" tworzył jeden z najsilniejszych zespołów bojowych w rejonie Morza Śródziemnego i wodach zachodniej Europy.

Z ważniejszych wydarzeń z jego służby wymienić można m.in.: rejs w rejon Dżibuti w 1974 r. W latach 1982–1984 zapewniał wsparcie lotnicze francuskim oddziałom pokojowym podczas wojny w Libanie. W latach 1987–1988 zabezpieczał francuską żeglugę w rejonie Zatoki Perskiej podczas wojny iracko-irańskiej. W 1991 r. uczestniczył w działaniach bojowych podczas wojny w Zatoce Perskiej, a w latach 1993–1996 zapewniał wsparcie lotnicze dla sił pokojowych zaangażowanych na terenach byłej Jugosławii. Przez te lata okręt przeszedł szereg modernizacji.

Początkowo trzon grupy lotniczej stanowiły samoloty F-8 *Crusader*, a na uzbrojenie obronne składało się osiem armat kal. 100 mm. Pierwszą poważniejszą przebudowę przeprowadzono w latach 1977–1978. Okręt przystosowano wtedy do bazowania samolotów *Super Etendard* mogących przenosić przeciwokrętowe rakiety *Exocet* oraz taktyczną broń jądrową w postaci bomb AN-52. Wymagało to m.in. przebudowy hangaru oraz magazynów, które przystosowano do składowania wspomnianych pocisków jądrowych. Prócz tego zmodernizowano katapulty, systemy łączności i kontroli lotów.

Druga poważniejsza modernizacja miała miejsce w latach 1985–1987. Wzmocniono wtedy uzbrojenie obronne, demontując cztery armaty kal. 100 mm i instalując na ich miejsce wyrzutnie plot. kierowanych pocisków rakietowych *Crotale*. Zainstalowano też system łączności SATCOMM, a później także system dowodzenia AIDCOMER.

W latach 1992–1993 prowadzono prace pozwalające na bazowanie nowych samolotów, zainstalowano także wyrzutnie *Simbad* dla rakiet *Mistral*.

„Clemenceau" wycofano ze służby 1 października 1997 r., ale musiało minąć jeszcze kilka lat, zanim zapadły decyzje co do jego dalszych losów. Ostatecznie trafił na złom, a prace rozbiórkowe przeprowadzono w latach 2009–2010.

The French Aircraft Carrier Clemenceau • Witold Koszela
First edition / Wydanie pierwsze • LUBLIN 2021 • ISBN 978-83-66673-56-4

Translation / Tłumaczenie: **Stanisław Powała-Niedźwiecki** • Color profiles / Plansze barwne: **Witold Koszela** • Scale drawings / Rysunki techniczne: **Witold Koszela** • Design: **KAGERO STUDIO**

Distribution / Dystrybucja: Kagero Publishing • www.kagero.pl • e-mail: kagero@kagero.pl, marketing@kagero.pl
Editorial Office, Marketing / Redakcja, Marketing: Kagero Publishing, ul. Akacjowa 100, os. Borek, Turka, 20-258 Lublin 62, Poland, phone/fax +48 81 501 21 05

Tactical and technical data

Tactical number	R 98
Type	Clemenceau
Twin ships	"Foch" (R 99)
Shipyard	Brest Arsenal Ch. Atlantique in St. Nazaire
Date of keel laying	November 1955
Date of launching	December 21, 1957
Date of entry into service	November 22, 1961
Date of decommissioning	October 1, 1997
Standard displacement	24,000 t
Full displacement	32,000 t
Total length	265 m
Width	51.2 m
Maximum draft	8.6 m
Drive	6 water-tube boilers, 2 steam turbines with a total power of 126,000 KM
Maximum speed	32 knots
Range	4,800 Mm at 23 knots, 7,500 Mm at 18 knots
Crew	1,338 people
Armament:	8 × I 100mm guns (originally), 2 × VII AA launchers Croatale, 2 × II AA launchers Simbad
Aviation group:	Aircrafts: *Super Etendard*, F-8E *Crusader*, *Etendard IVP*, *Alize*. Helicopters: AS-565F *Panther*, *Super Frelon*, *Super Puma*, *Puma*, *Gazelle*, *Dauphin* helicopters

Podstawowe dane taktyczno-techniczne

Numer taktyczny	R 98
Typ	Clemenceau
Okręty bliźniacze	Foch (R 99)
Stocznia	Brest Arsenal Ch. Atlantique w St. Nazaire
Data położenia stępki	listopad 1955 r.
Data wodowania	21 grudnia 1957 r.
Data wejścia do służby	22 listopada 1961 r.
Data wycofania ze służby	1 października 1997 r.
Wyporność standardowa	24 000 t
Wyporność pełna	32 000 t
Długość całkowita	265 m
Szerokość	51,2 m
Zanurzenie maksymalne	8,6 m
Napęd	6 kotłów wodnorurkowych, 4 turbiny parowe o łącznej mocy 126 000 KM
Prędkość maksymalna	32 w
Zasięg	4 800 Mm przy 23 w, 7 500 Mm przy 18 w
Załoga	1338 ludzi
Uzbrojenie	8 x I armat kal. 100 mm (pierwotnie), 2 x VII wyrzutnie plot. kpr *Croatale*, 2 x II wyrzutnie plot. kpr *Simbad*
Grupa lotnicza:	Samoloty: *Super Etendard*, F-8E *Crusader*, *Etendard IVP*, *Alize*; śmigłowce SA-365F *Panther*, *Super Frelon*, *Super Puma*, *Puma*, *Gazelle*, *Dauphin*

Cross-section of the hull frames
Kadłub, przekroje wręgowe

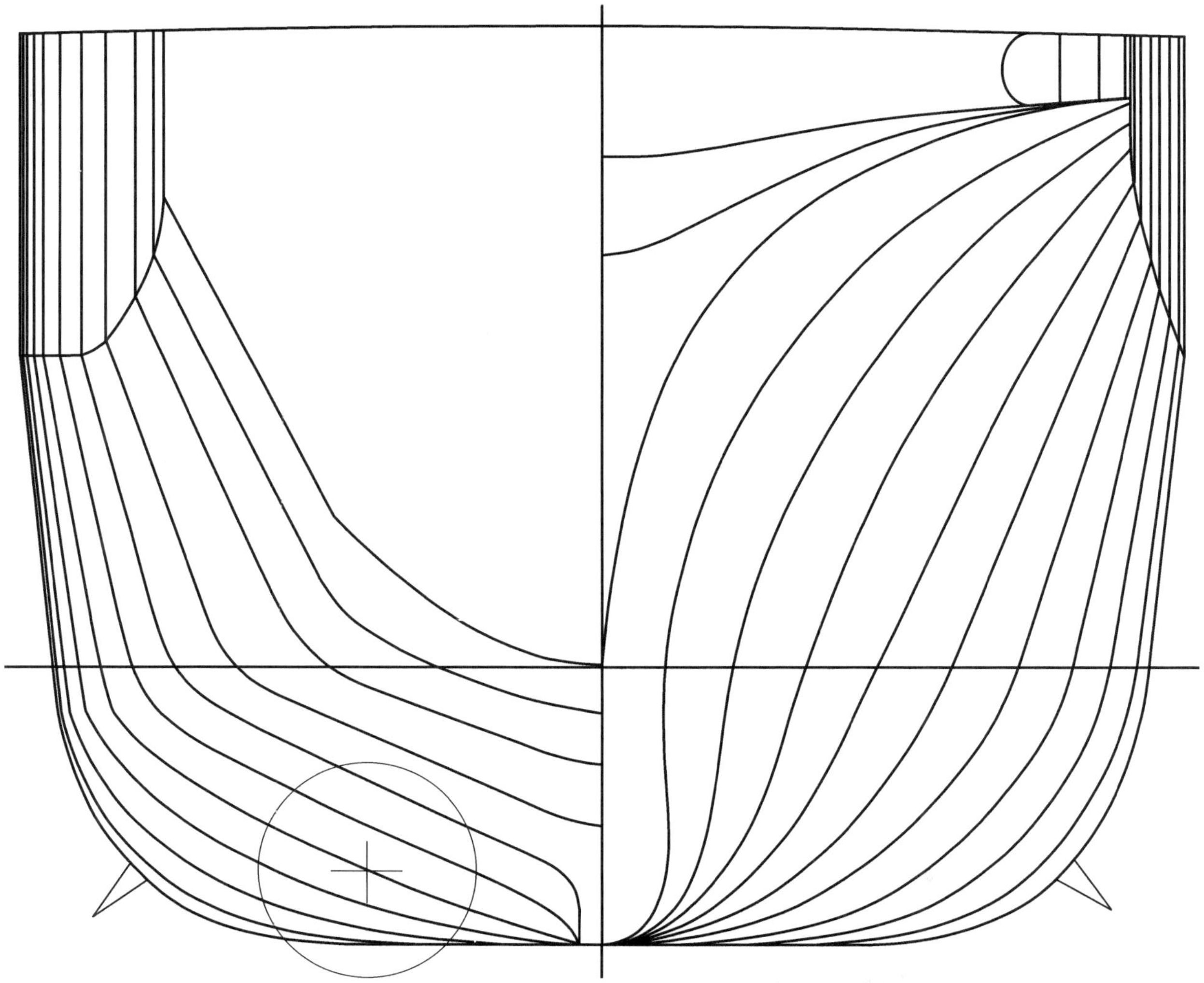

Flight deck's lug and port side AA stations, stern view
Wypust pokładu lotniczego i lewoburtowe stanowiska armat plot., widok od rufy

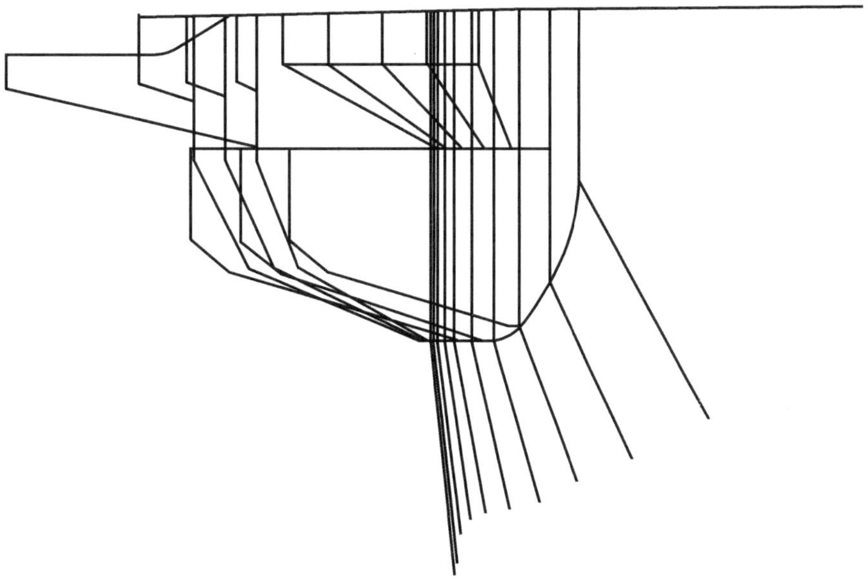

State after entering the service
Stan po wejściu do służby

Scale/Skala: 1/200

TOPDRAWINGS
Drawings/rysował: © Witold Koszela

Clemenceau

Cross-section of the hull frames
Kadłub, przekroje wręgowe

Sheet/Arkusz 2

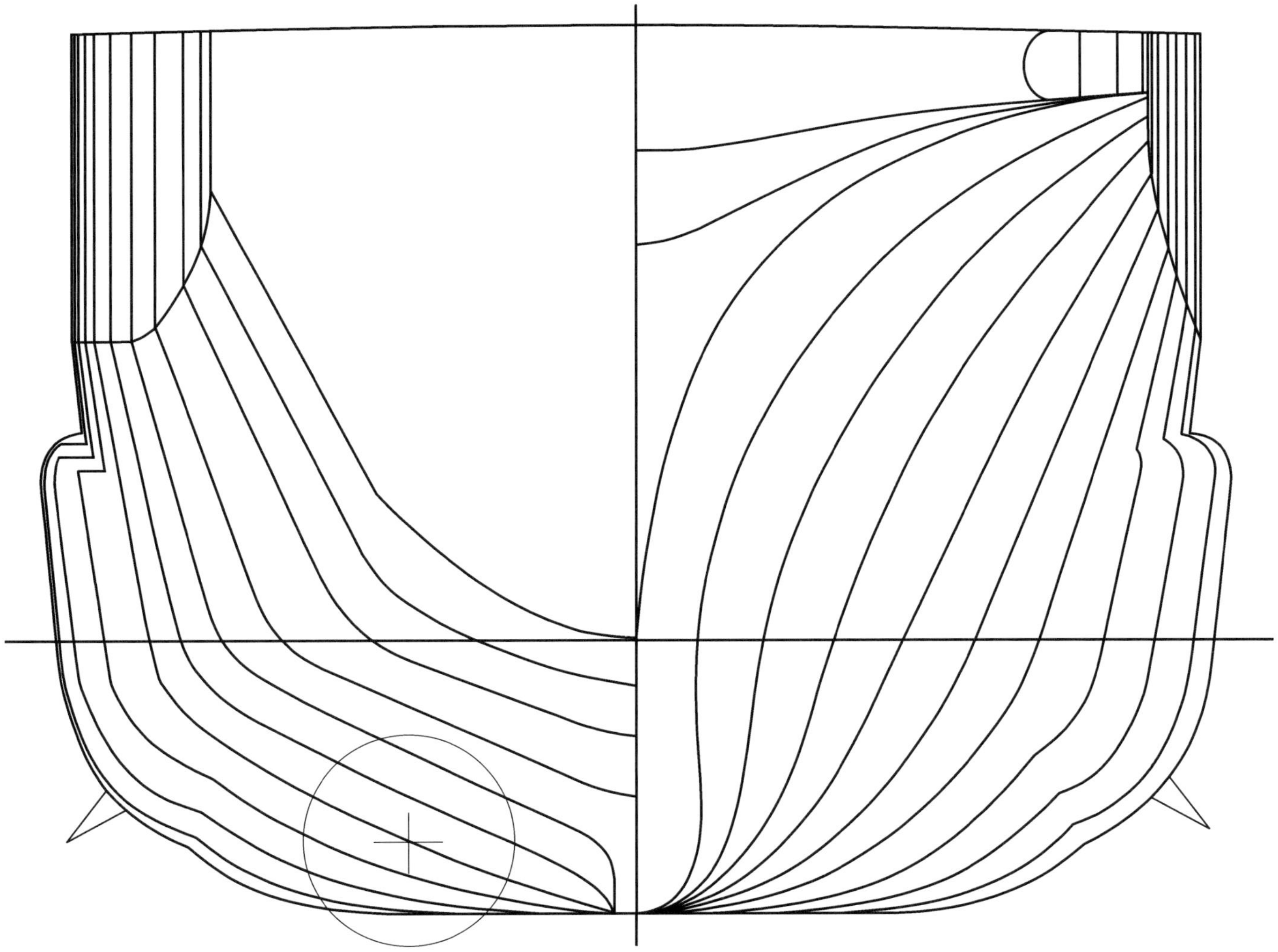

State after the modernization
Po modernizacji

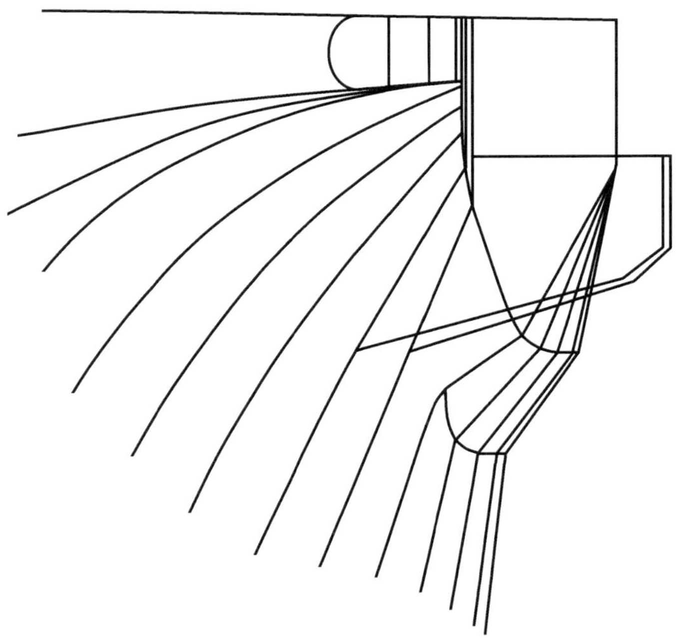

Flight deck's lug and port side AA stations, bow view
Wypust pokładu lotniczego i lewoburtowe stanowiska armat plot., widok od dziobu

Scale/Skala: 1/200

www.kagero.eu
www.shop.kagero.pl

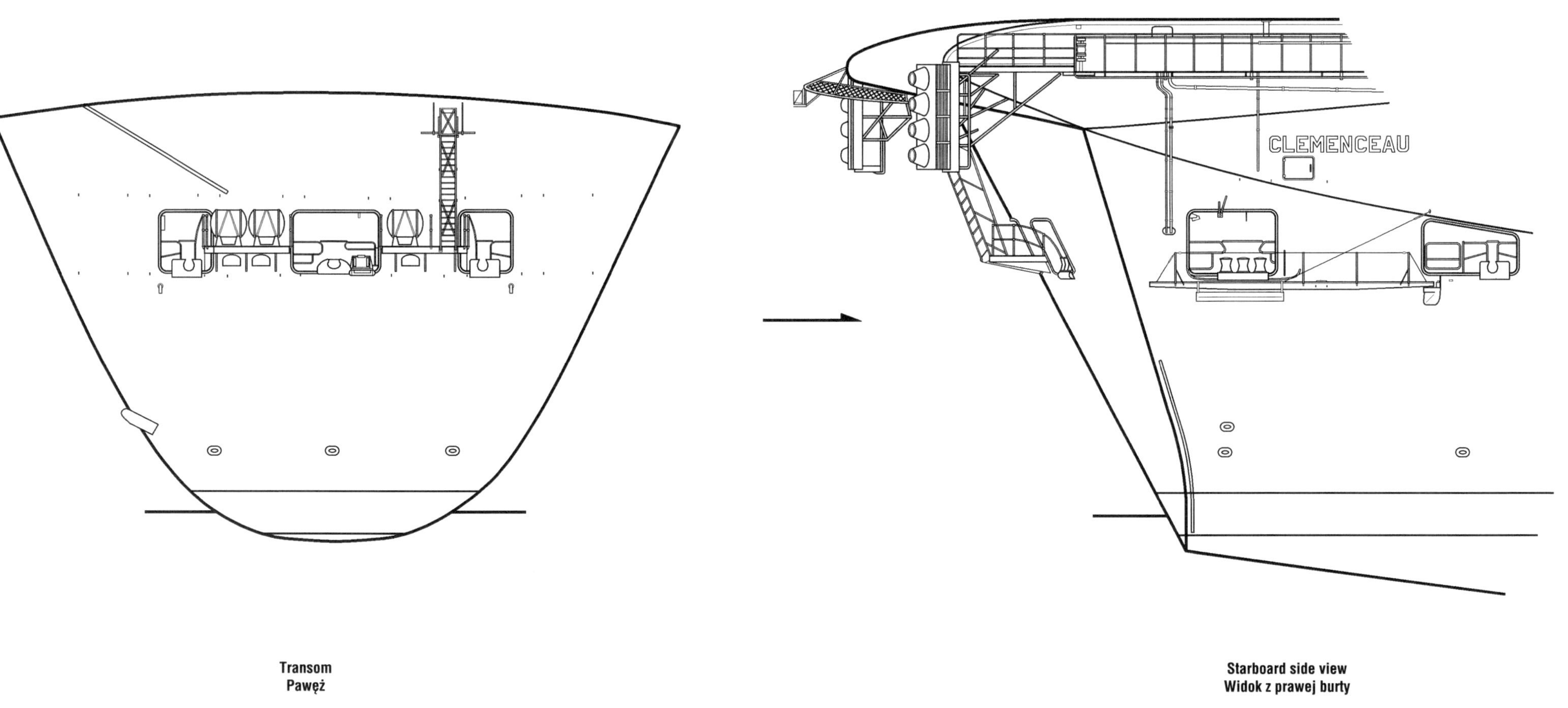

Transom
Pawęż

Starboard side view
Widok z prawej burty

Scale/Skala: 1/200

Sheet/Arkusz 4

TOPDRAWINGS
Drawings/rysował: © Witold Koszela

Clemenceau

Hull, rudder and propellers
Kadłub, ster i śruby napędowe

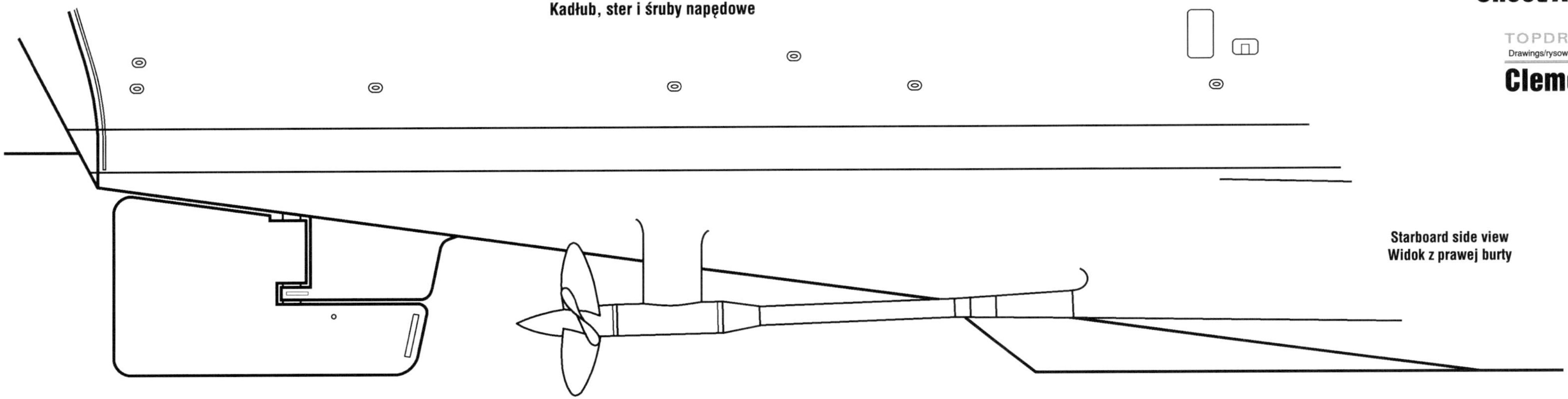

Starboard side view
Widok z prawej burty

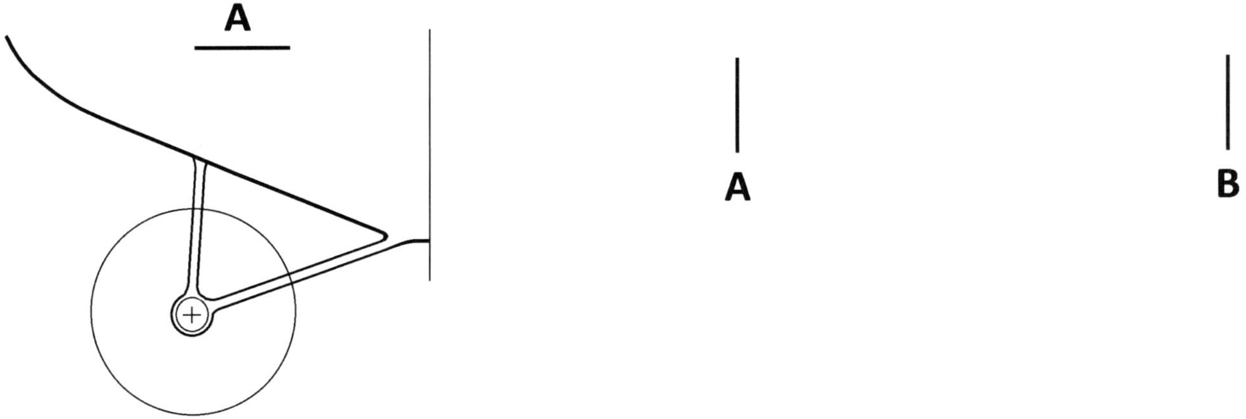

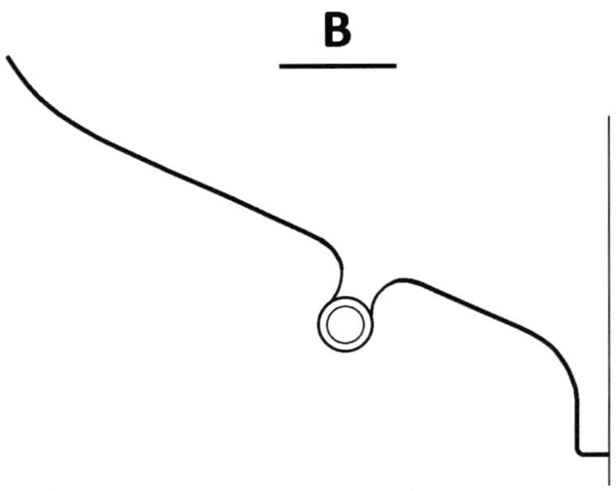

A

B

Stern's view
Widok od rufy

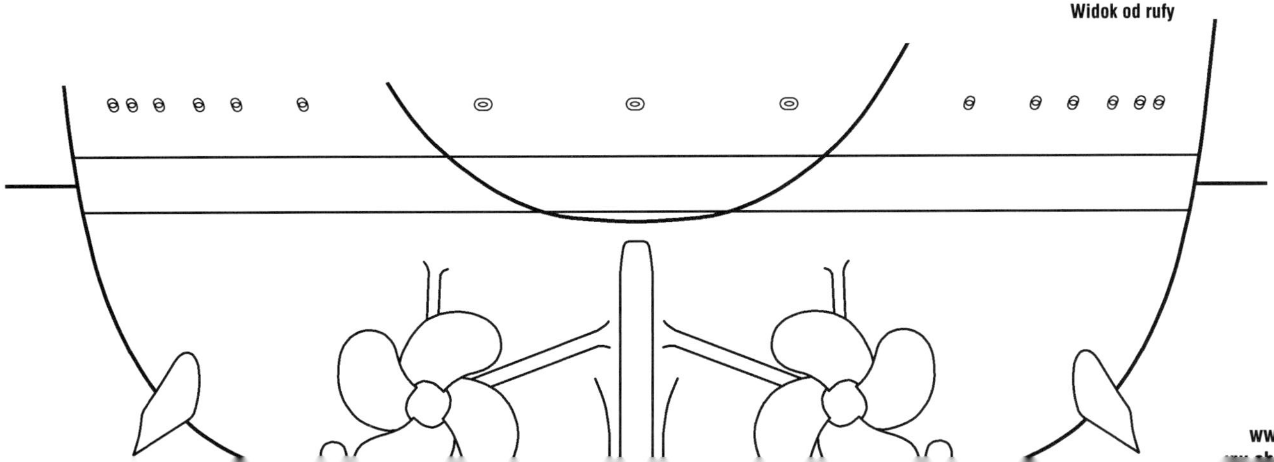

A

B

Hull, starboard hawser decks
Kadłub, prawoburtowe pokłady cumownicze

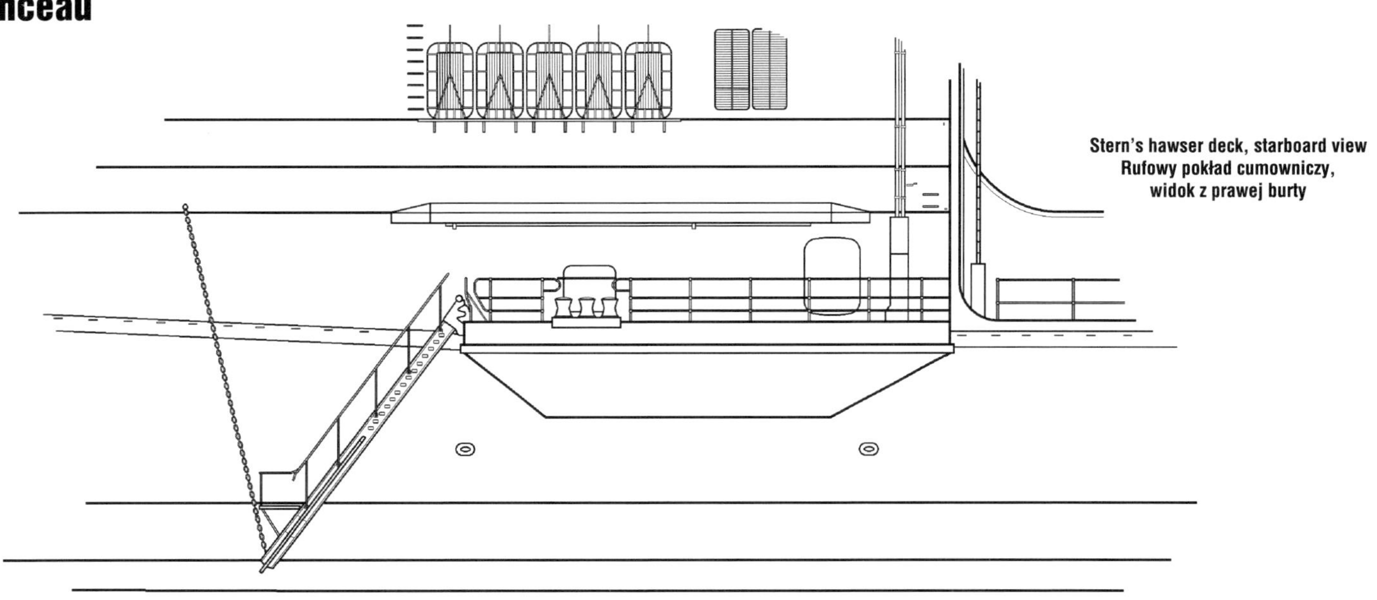

Stern's hawser deck, starboard view
Rufowy pokład cumowniczy,
widok z prawej burty

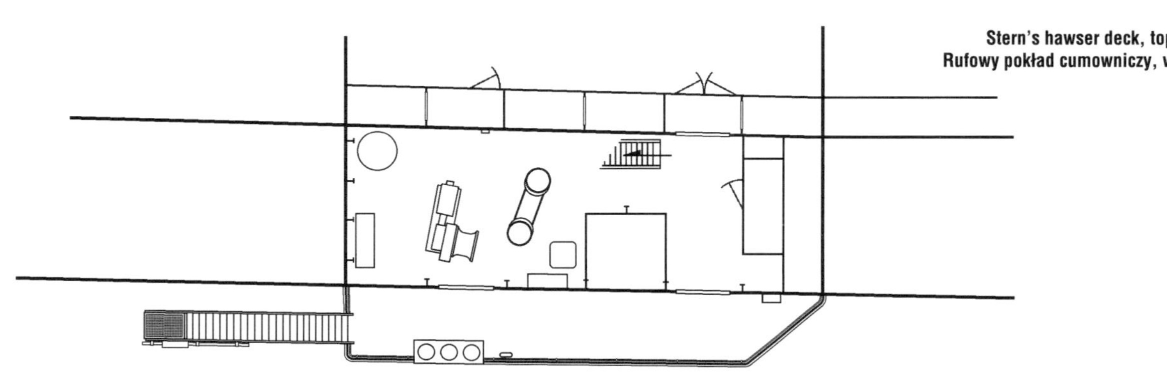

Stern's hawser deck, top view
Rufowy pokład cumowniczy, widok z góry

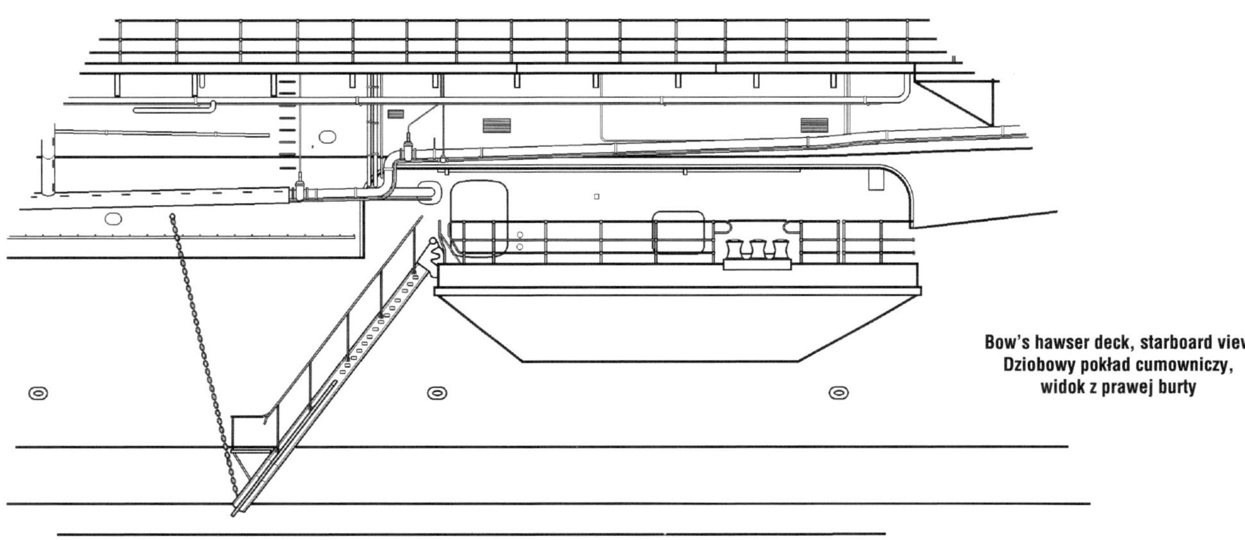

Bow's hawser deck, starboard view
Dziobowy pokład cumowniczy,
widok z prawej burty

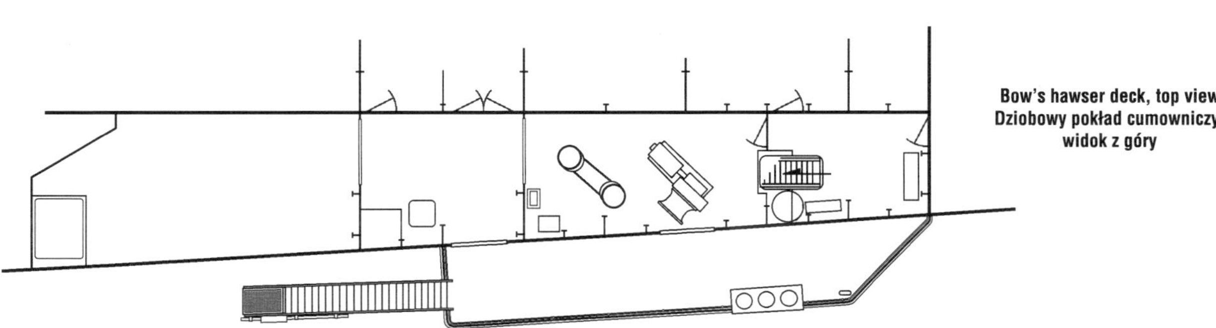

Bow's hawser deck, top view
Dziobowy pokład cumowniczy,
widok z góry

Scale/Skala: 1/200

Hull, port side hawser decks
Kadłub, lewoburtowe pokłady cumownicze

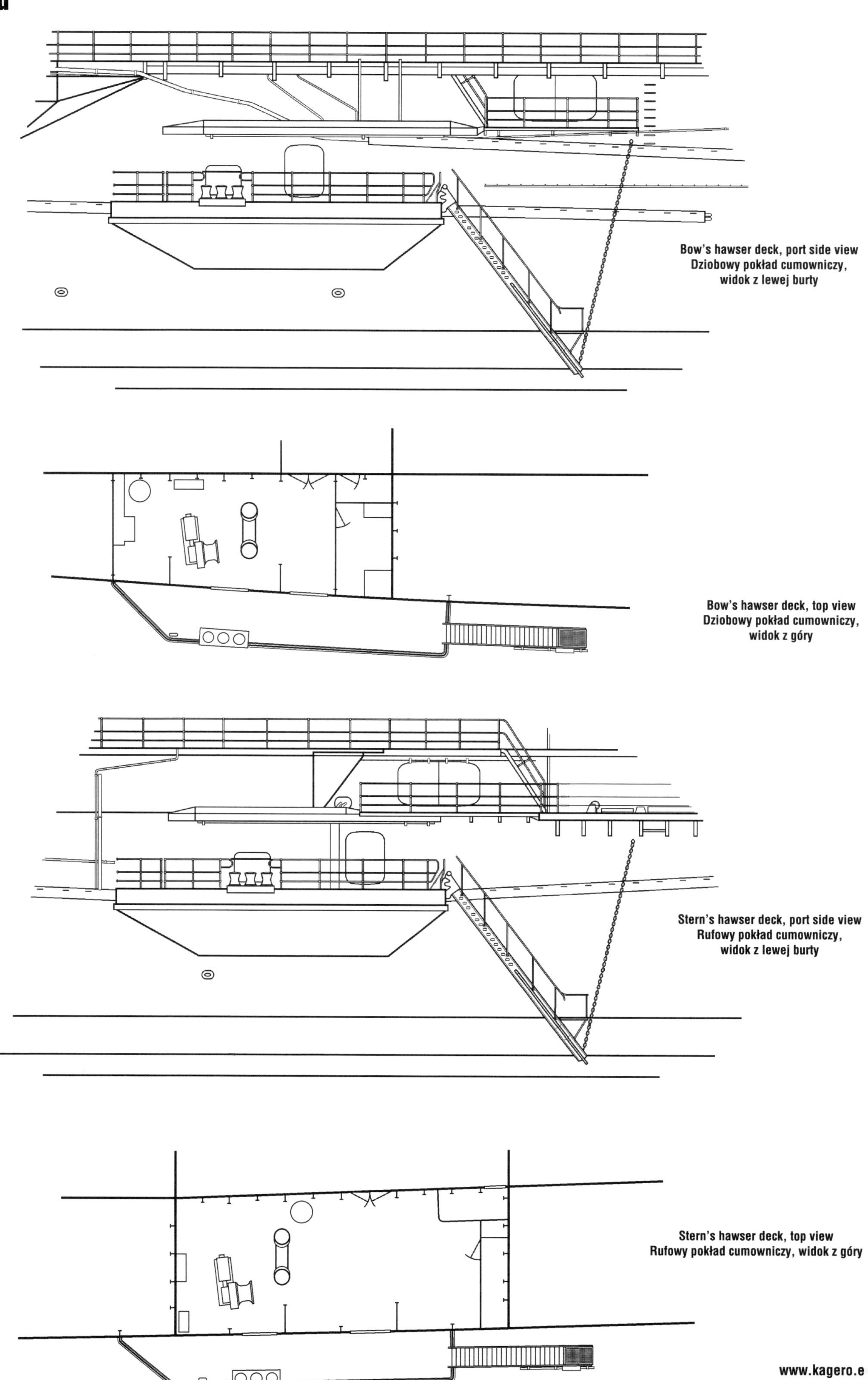

Bow's hawser deck, port side view
Dziobowy pokład cumowniczy, widok z lewej burty

Bow's hawser deck, top view
Dziobowy pokład cumowniczy, widok z góry

Stern's hawser deck, port side view
Rufowy pokład cumowniczy, widok z lewej burty

Stern's hawser deck, top view
Rufowy pokład cumowniczy, widok z góry

Scale/Skala: 1/200

Hull, stern's hawser deck
Kadłub, rufowy pokład cumowniczy

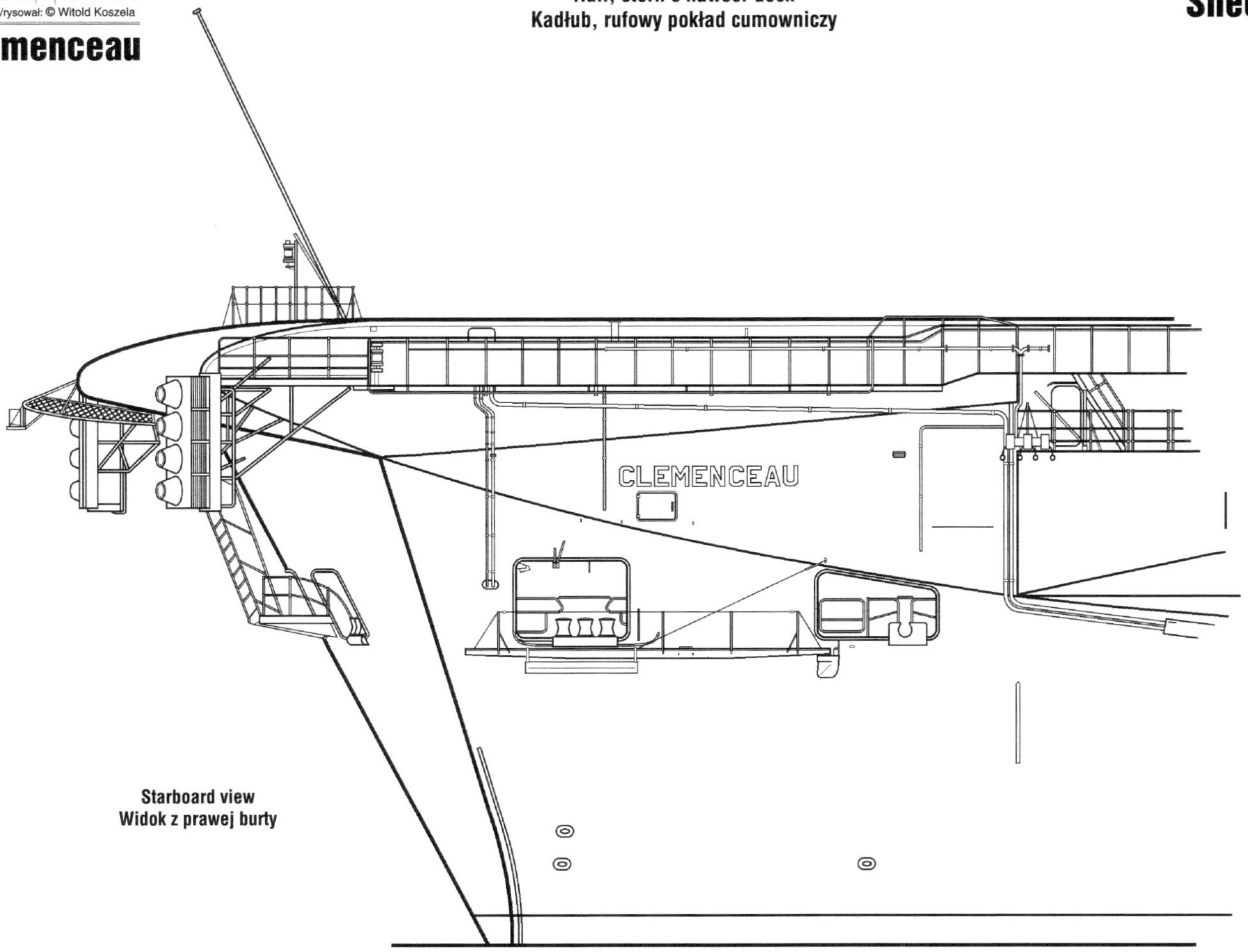

CLEMENCEAU

Starboard view
Widok z prawej burty

Top view
widok z góry

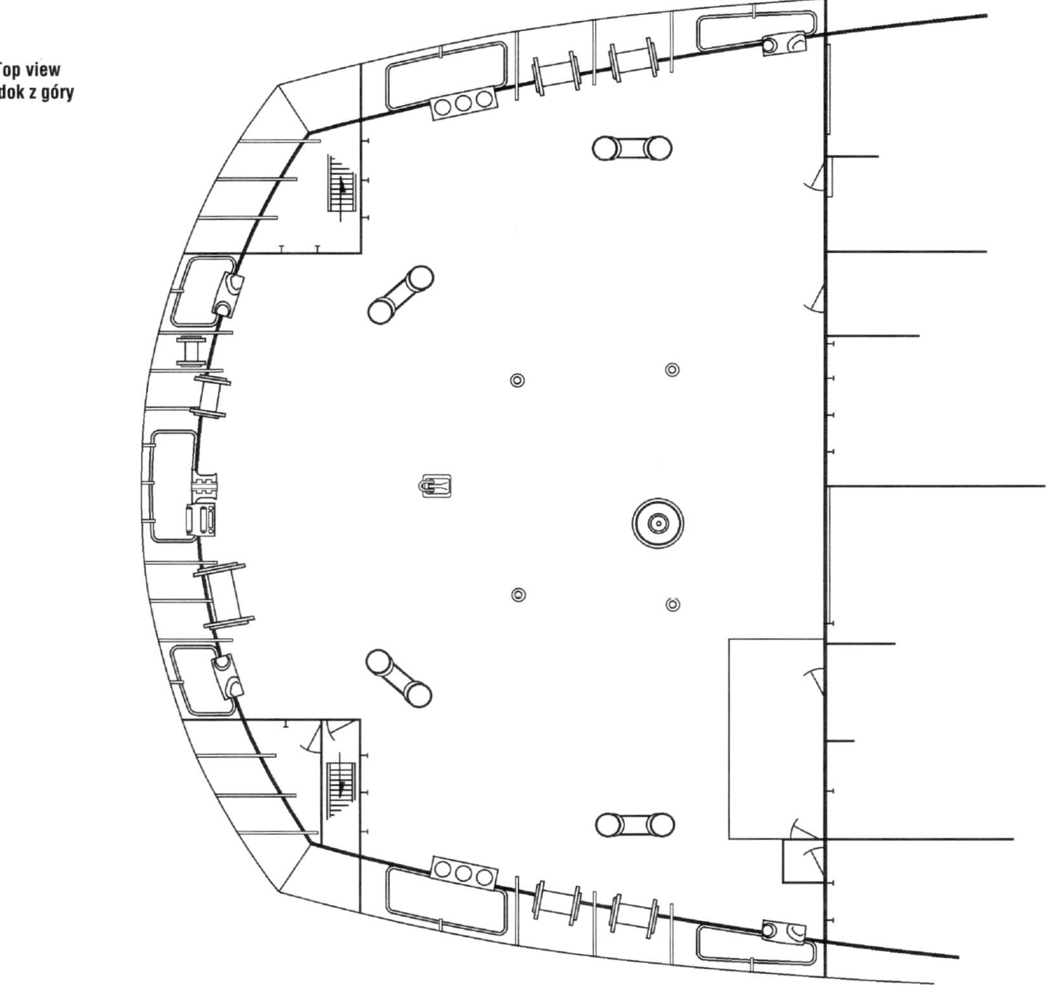

Scale/Skala: 1/200

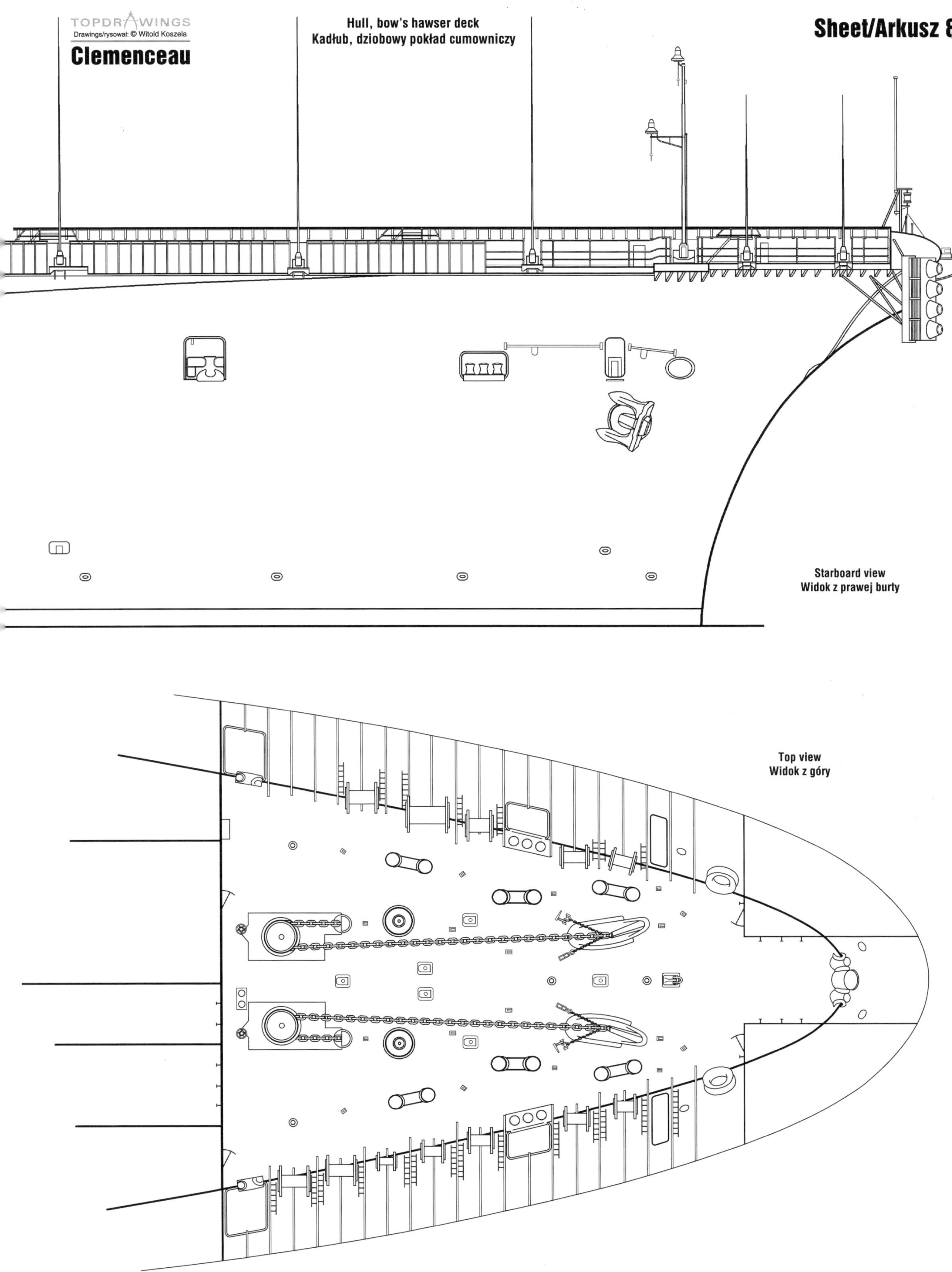

Scale/Skala: 1/200

Hull, stern's 100mm AA guns stations
Kadłub, rufowe stanowiska armat kal. 100 mm

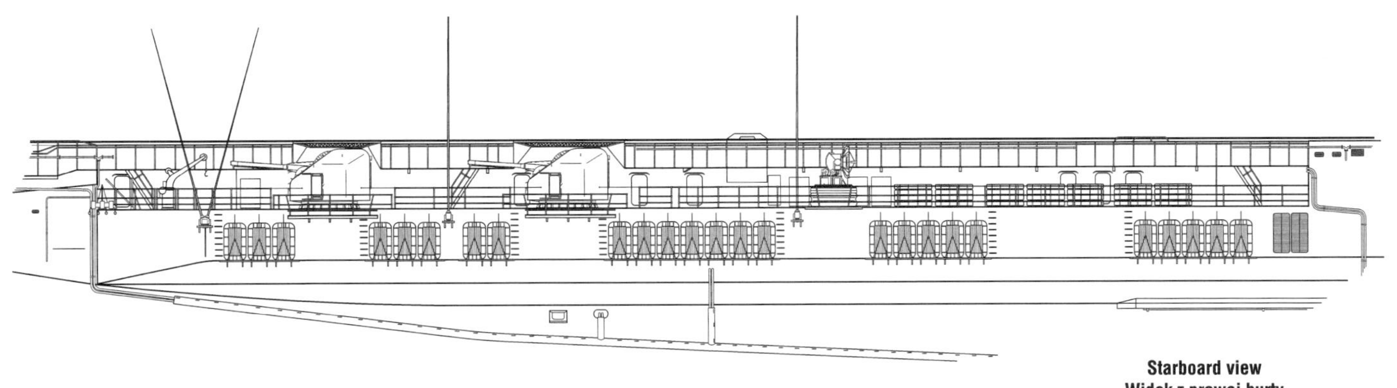

Starboard view
Widok z prawej burty

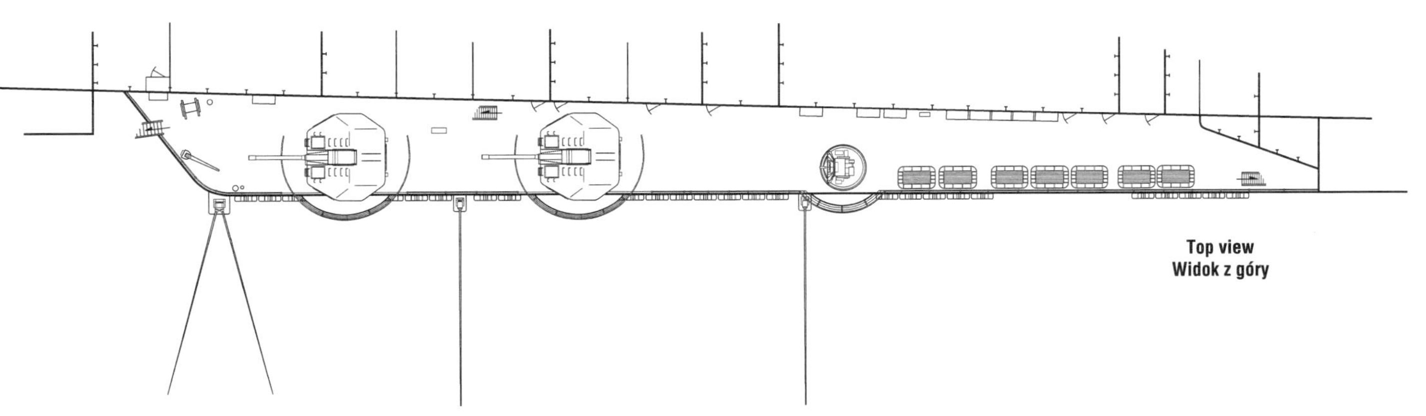

Top view
Widok z góry

Hull, bow's 100mm AA guns stations
Kadłub, dziobowe stanowiska armat kal. 100 mm

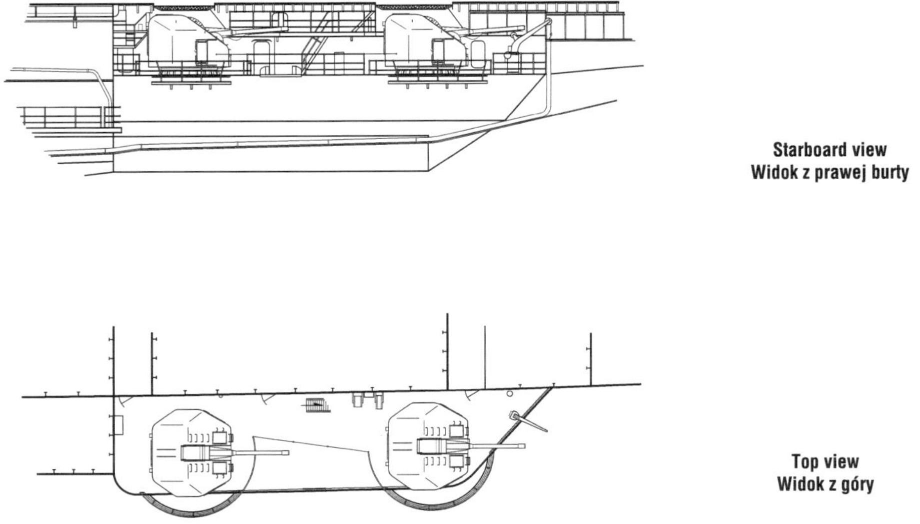

Starboard view
Widok z prawej burty

Top view
Widok z góry

Hull, bow's 100mm AA guns stations
Kadłub, dziobowe stanowiska armat kal. 100 mm

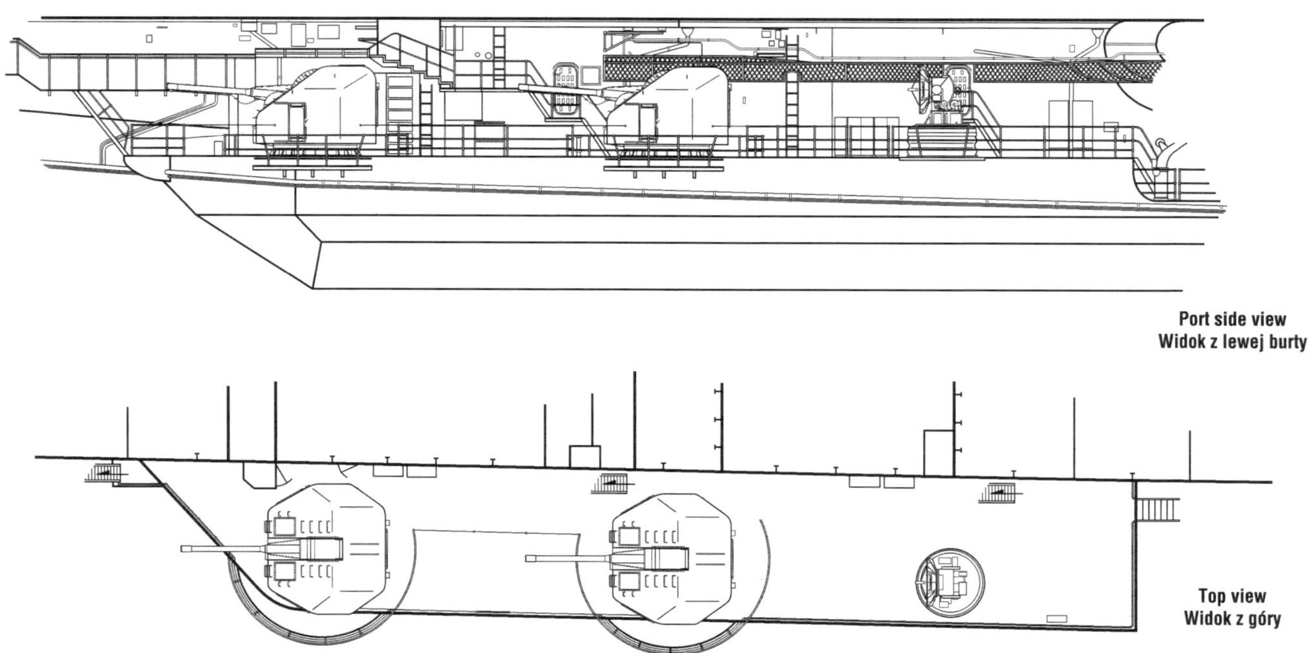

Port side view
Widok z lewej burty

Top view
Widok z góry

Hull, stern's 100mm AA guns stations
Kadłub, rufowe stanowiska armat kal. 100 mm

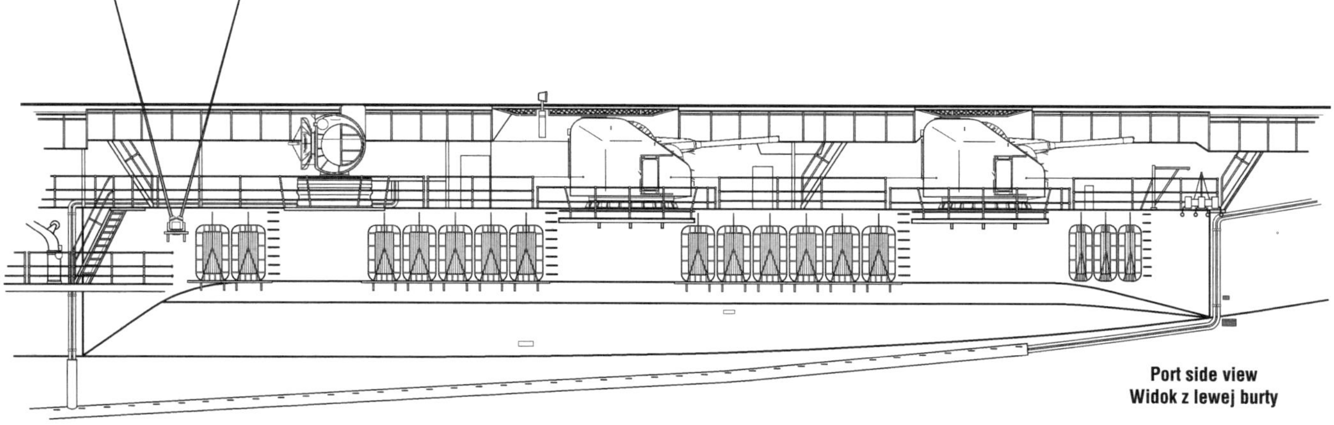

Port side view
Widok z lewej burty

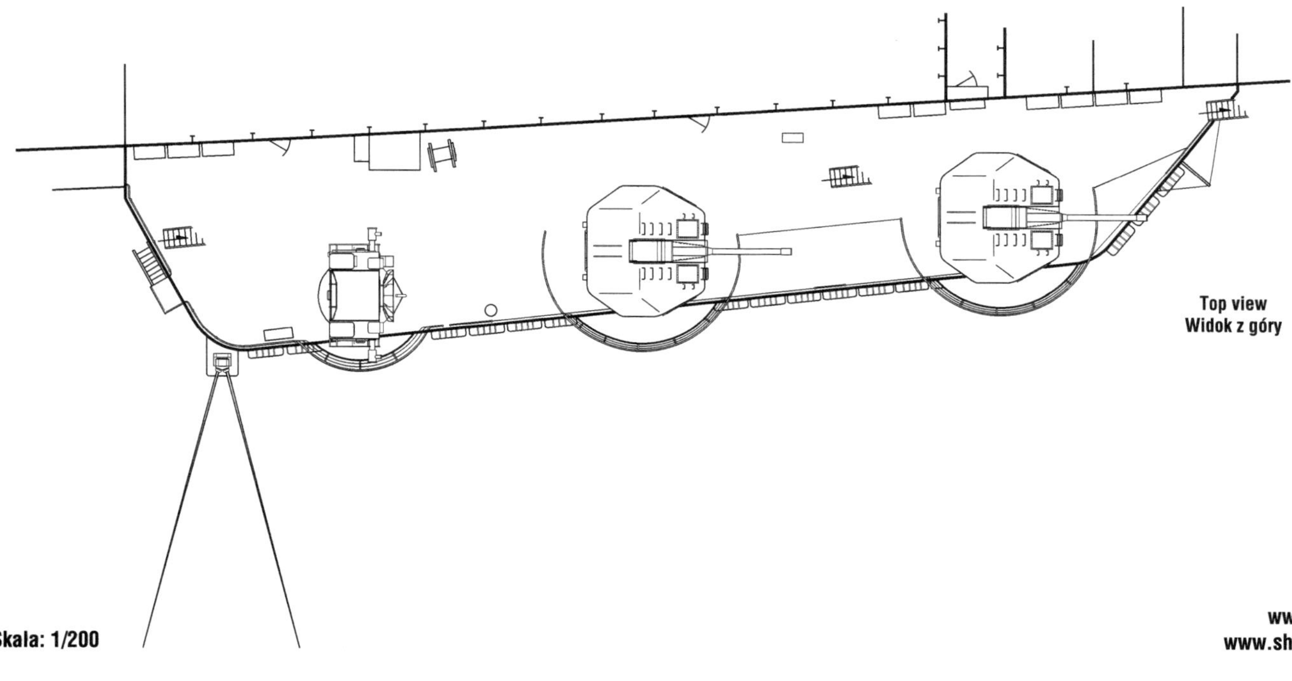

Top view
Widok z góry

Scale/Skala: 1/200

Clemenceau

Hull, starboard station of Crotale missiles launcher
Kadłub, prawoburtowe stanowisko wyrzutni plot. kpr Crotale

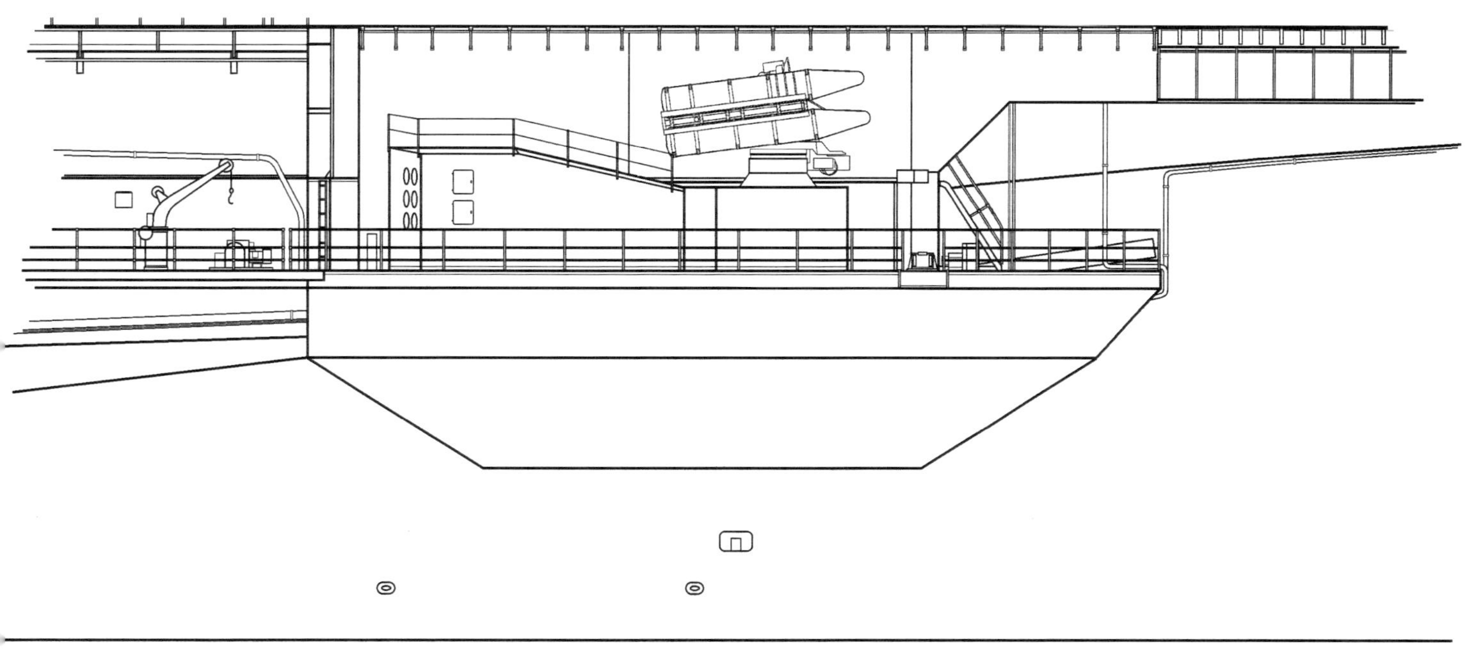

Hull, jolly's deck
Kadłub, pokład szalupowy

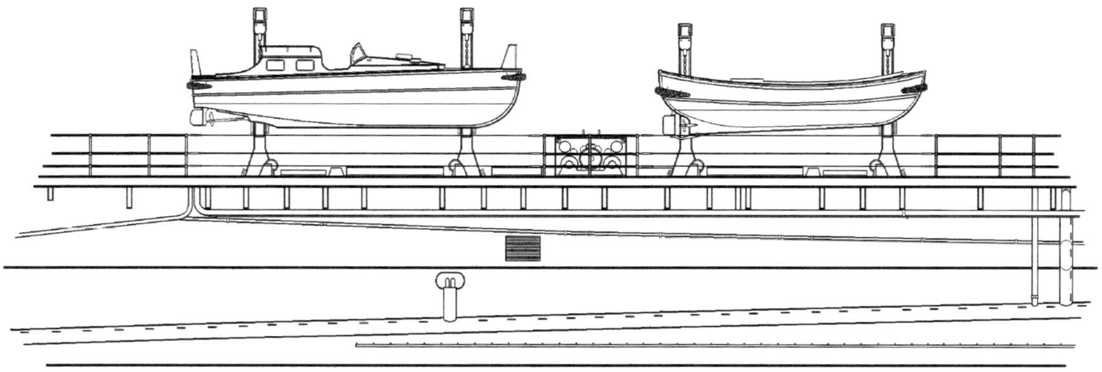

A

B

Starboard view
Widok z prawej burty

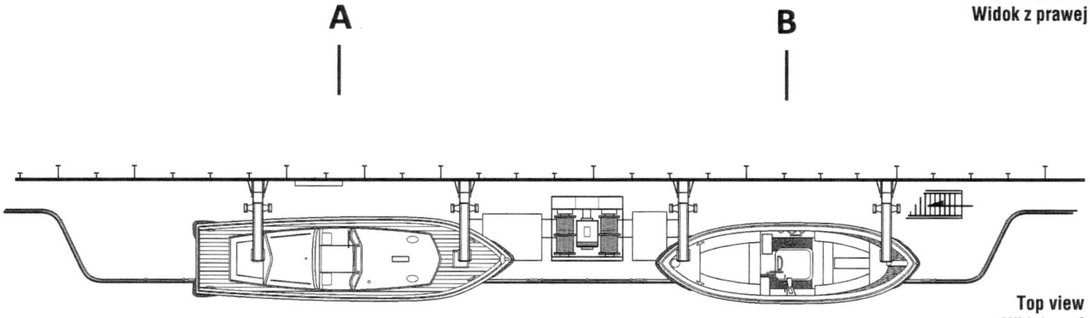

Top view
Widok z góry

A

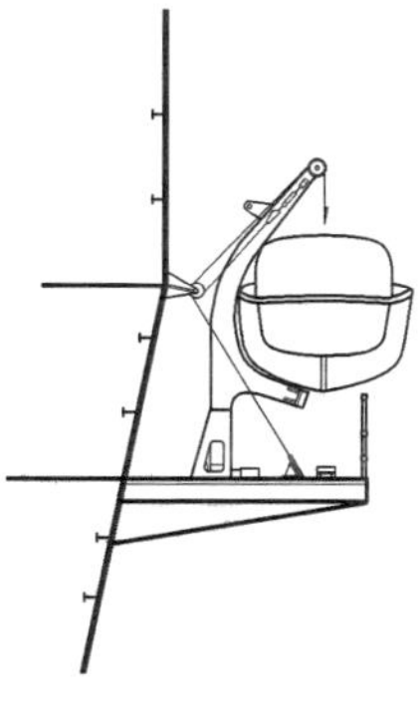

B

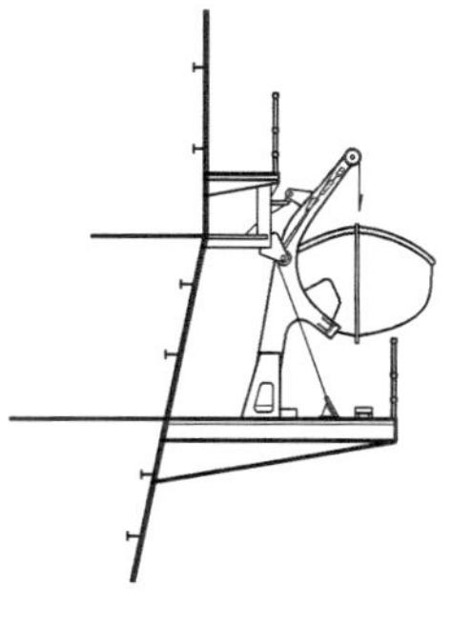

Scale/Skala: 1/200

Clemenceau

C

Top view
Widok z góry

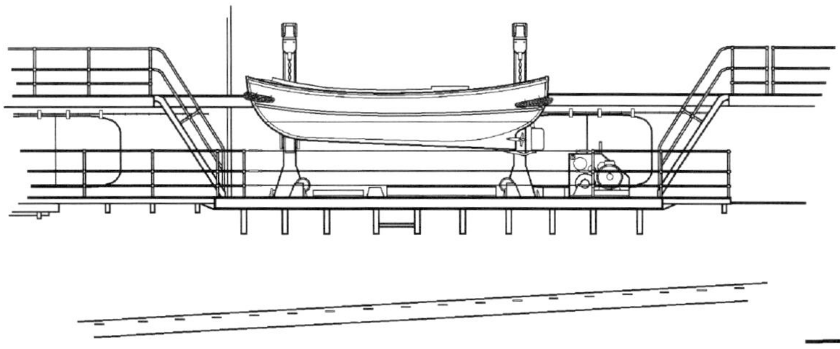

Port side view
Widok z lewej burty

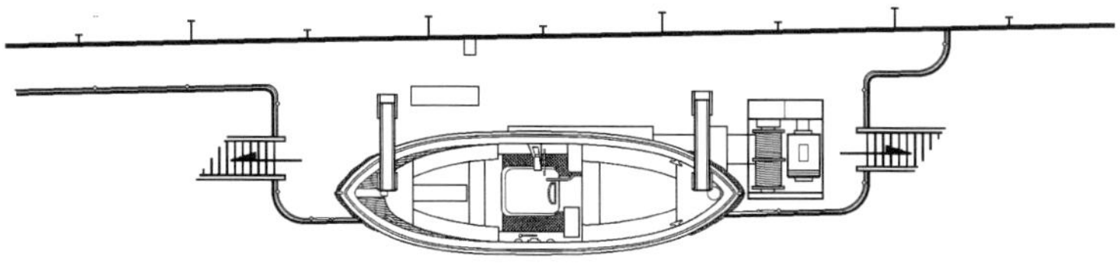

The way of lowering the jolly
Sposób opuszczania szalupy

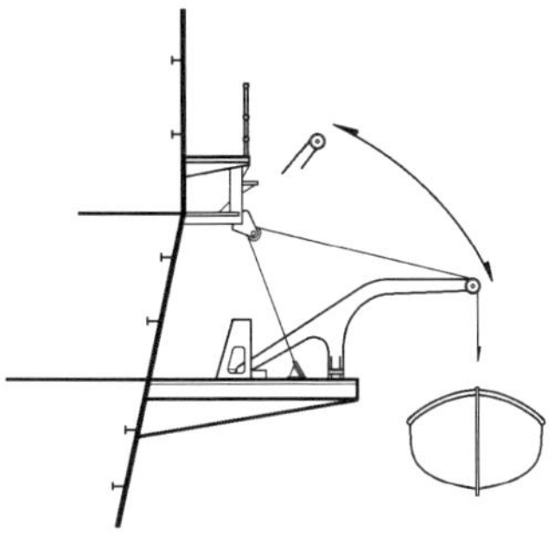

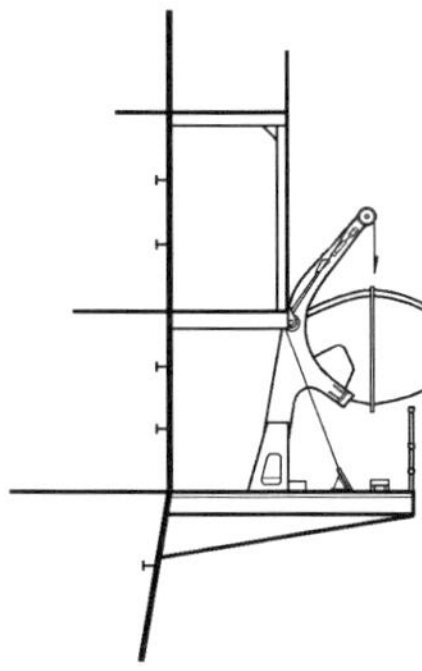

C

Superstructures, port side view (original layout)
Nadbudówki
Widok z lewej burty (stan pierwotny)

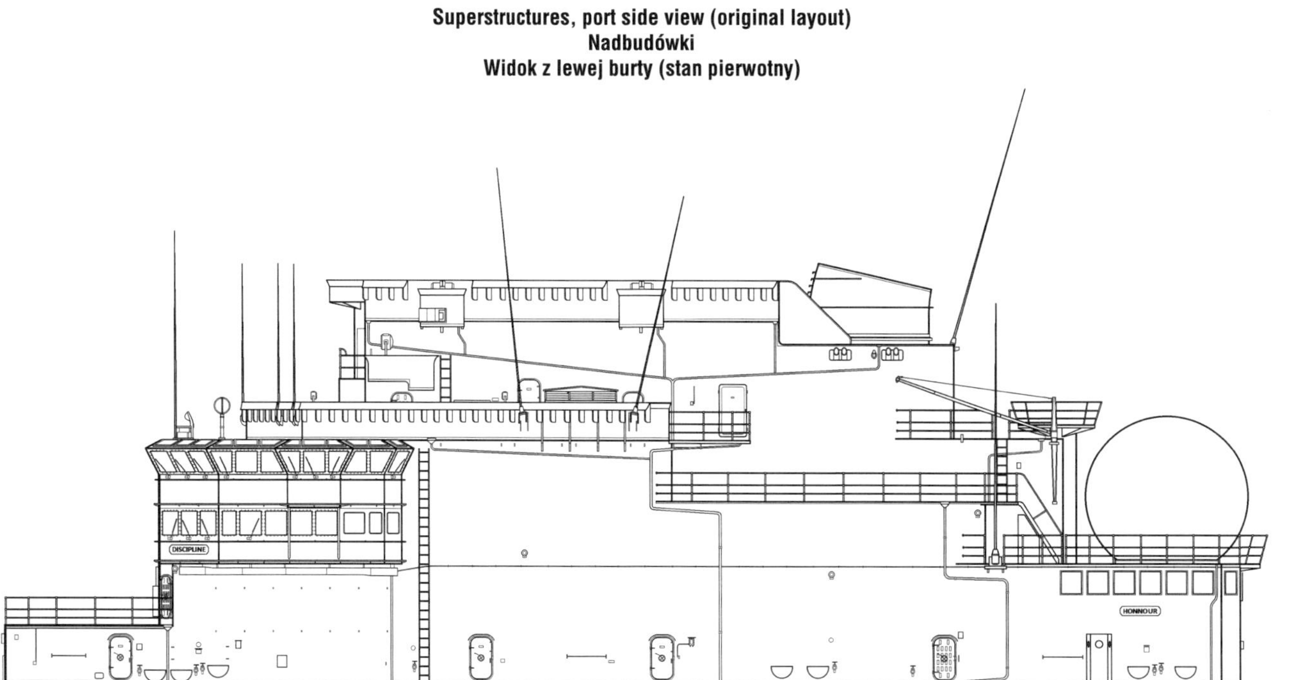

Scale/Skala: 1/200, 1/300

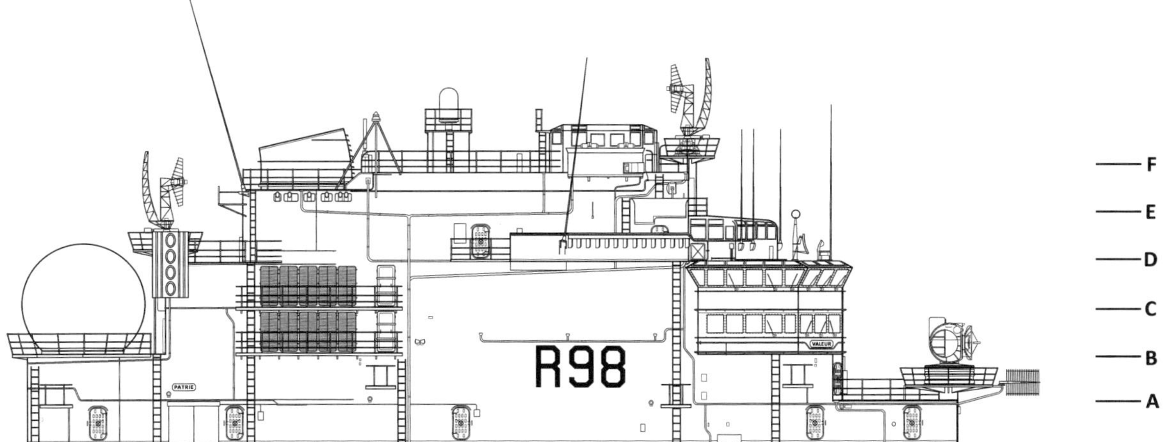

Starboard view (initial period of service)
Widok z prawej burty (początkowy okres służby)

F

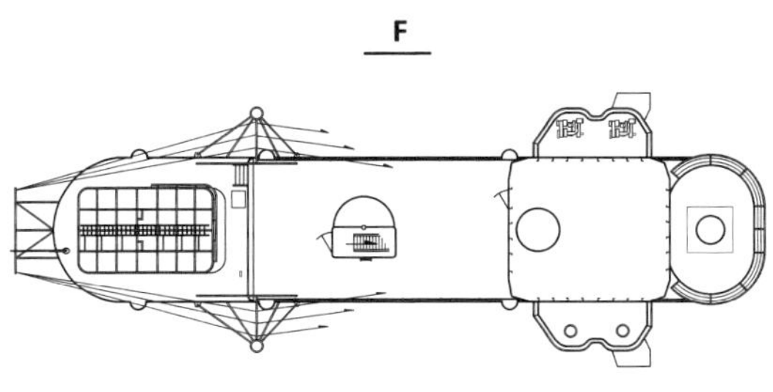

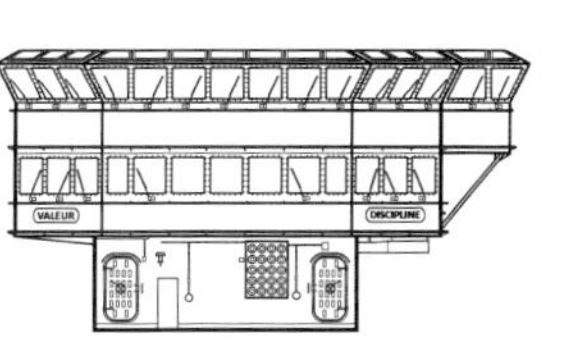

Bow view
Widok od dziobu

E

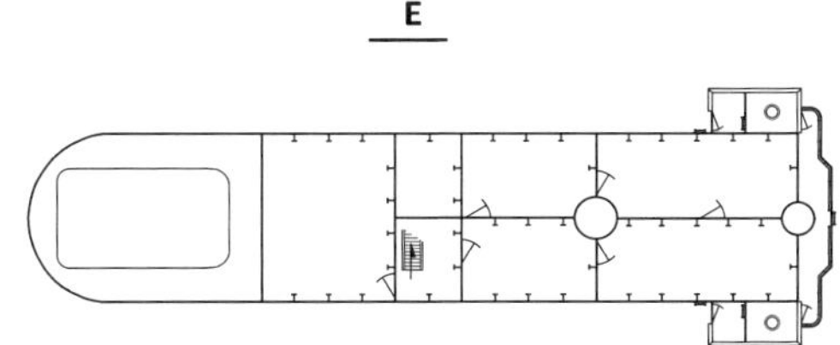

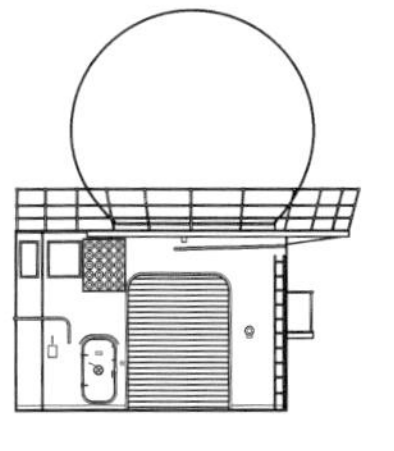

Stern view
Widok od rufy

D

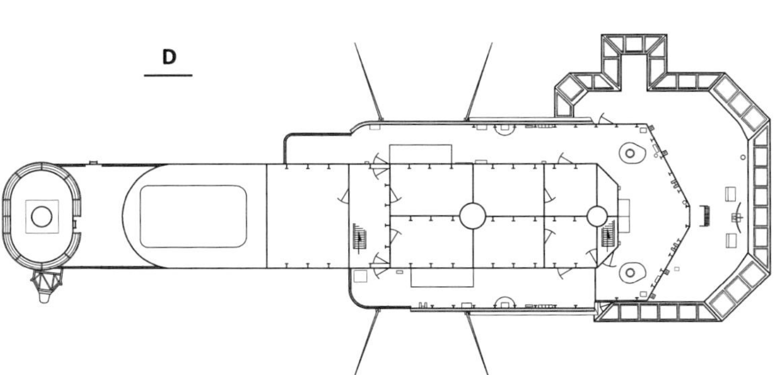

C

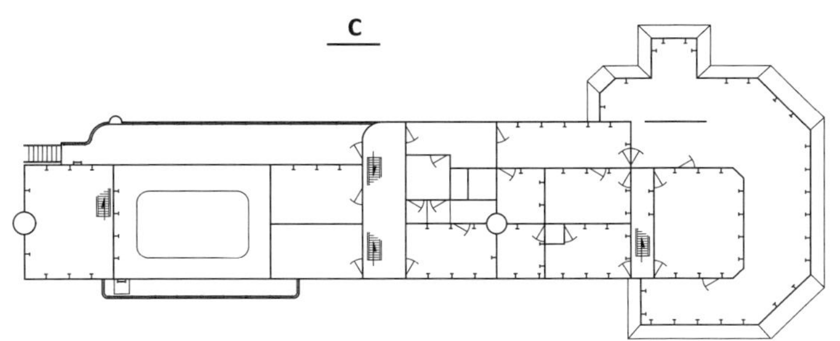

Scale/Skala: 1/400

Clemenceau

Superstructures
Nadbudówki

Sheet/Arkusz 14

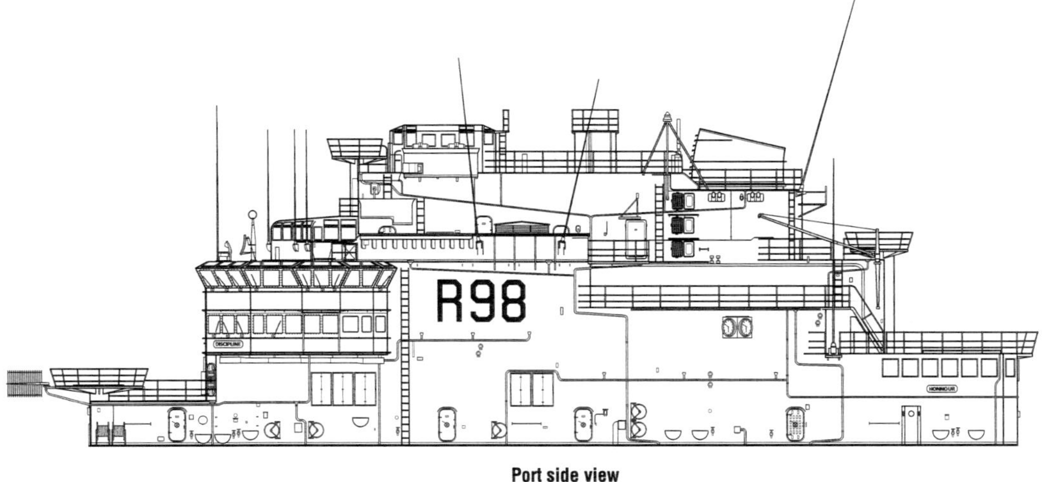

Port side view
Widok z lewej burty

B

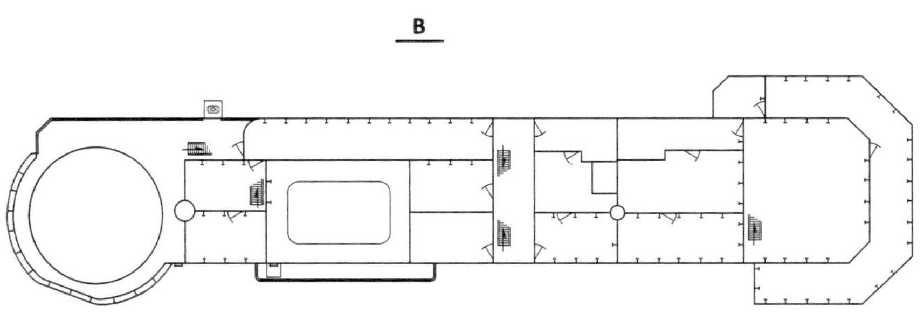

A

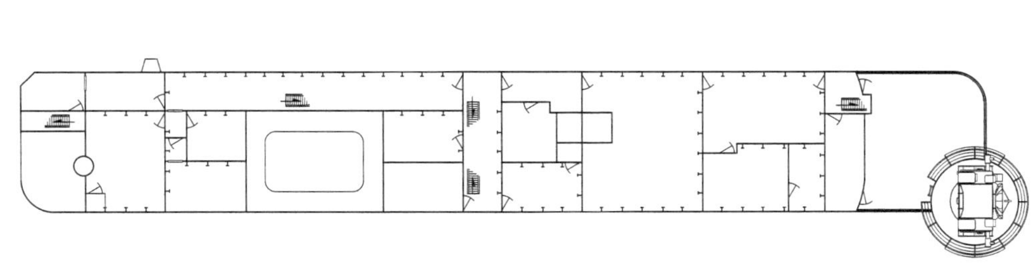

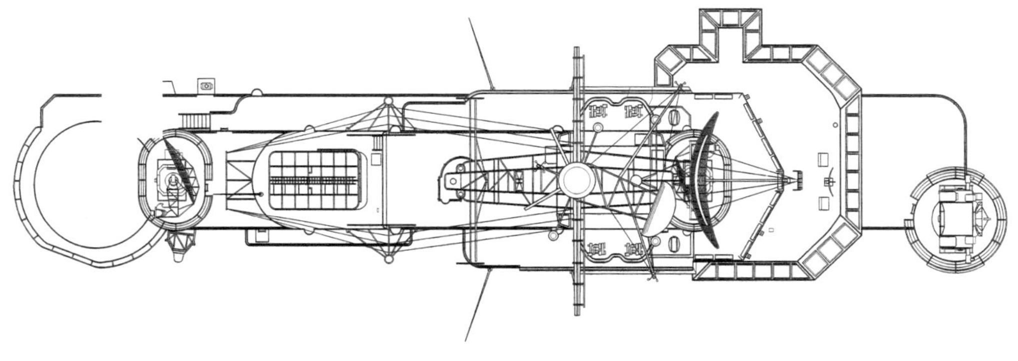

Top view
Widok z góry

Scale/Skala: 1/400

Superstructures, starboard view (late period of service)
Nadbudówki
Widok z prawej burty (końcowy okres służby)

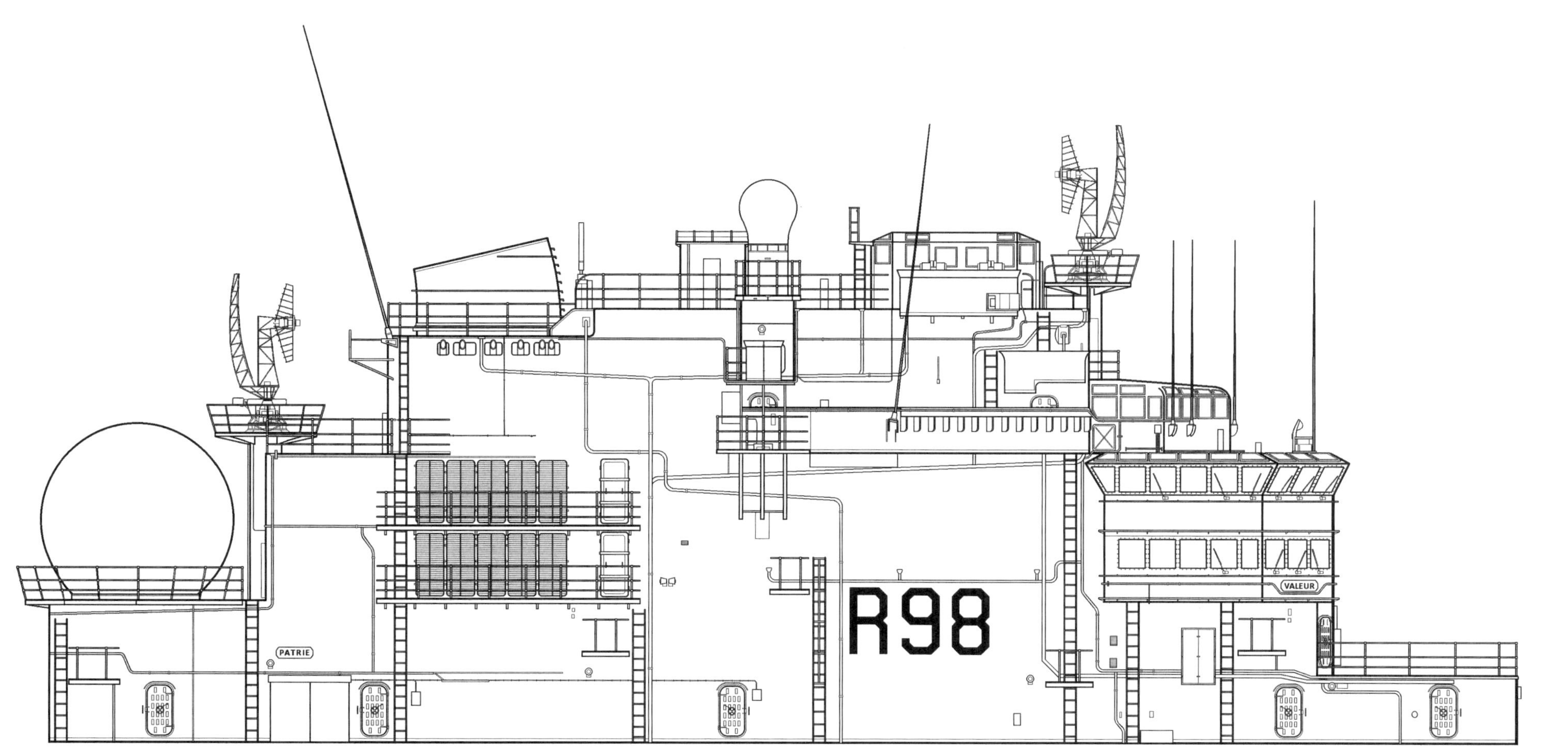

Scale/Skala: 1/200

Mast
Maszt

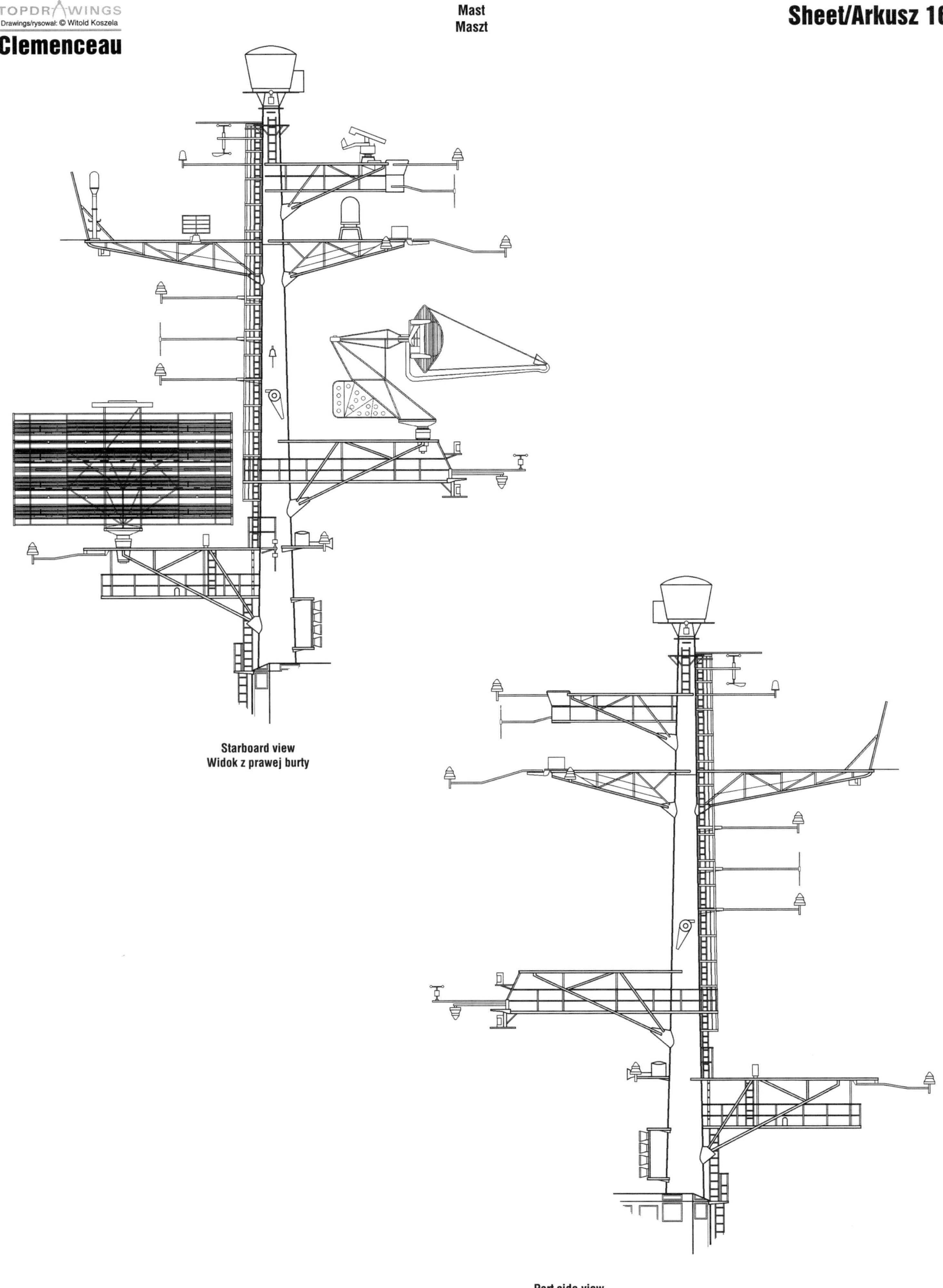

Starboard view
Widok z prawej burty

Port side view
Widok z lewej burty

Scale/Skala: 1/200

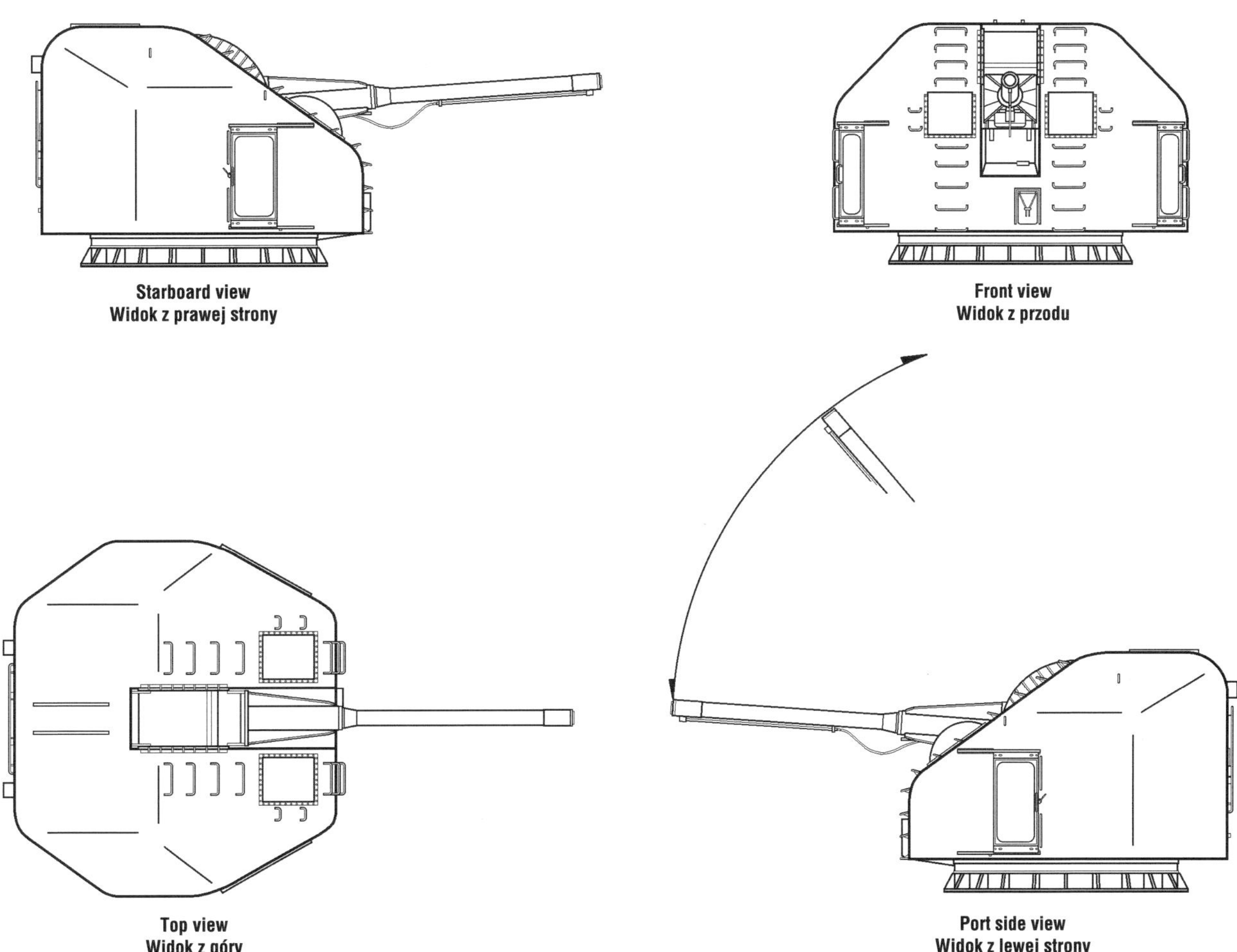

Starboard view
Widok z prawej strony

Front view
Widok z przodu

Top view
Widok z góry

Port side view
Widok z lewej strony

Equipment, artillery fire control station with DRCB-31 radar
Wyposażenie
Stanowisko kierowania ogniem artyleryjskim z radarem DRCB-31

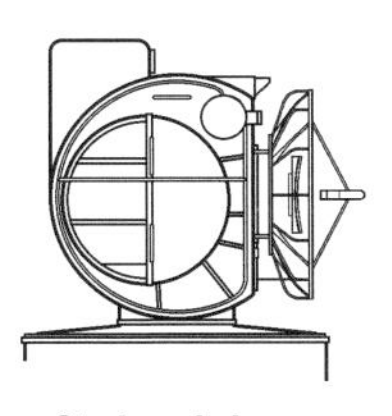

Starboard view
Widok z prawej strony

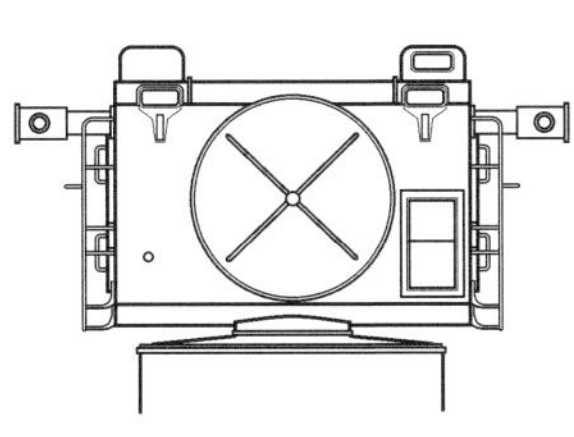

Front view
Widok z przodu

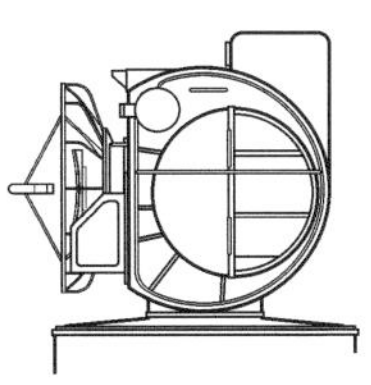

Port side view
Widok z lewej strony

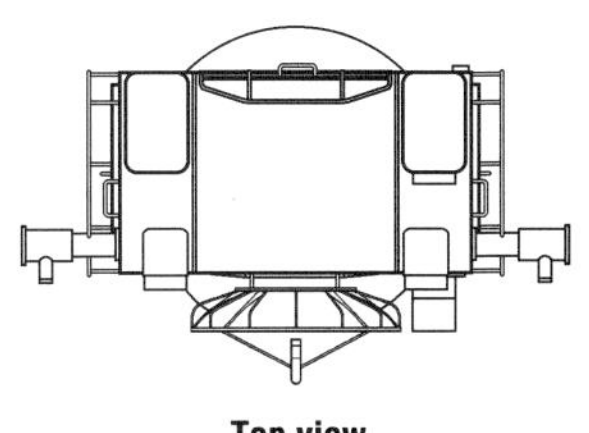

Top view
Widok z góry

Artillery fire control station (DRCB-32)
Stanowisko kierowania ogniem artyleryjskim (DRCB-32)

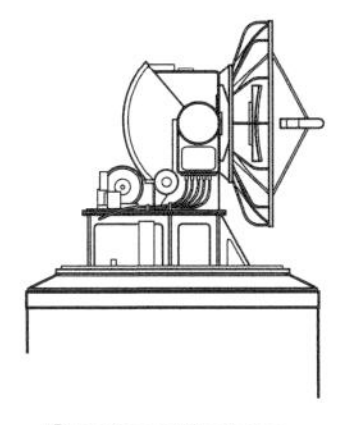

Starboard view
Widok z prawej strony

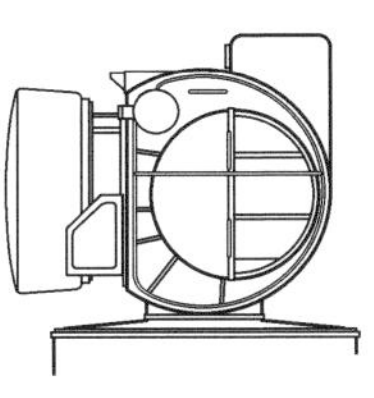

Port side view
Widok z lewej strony

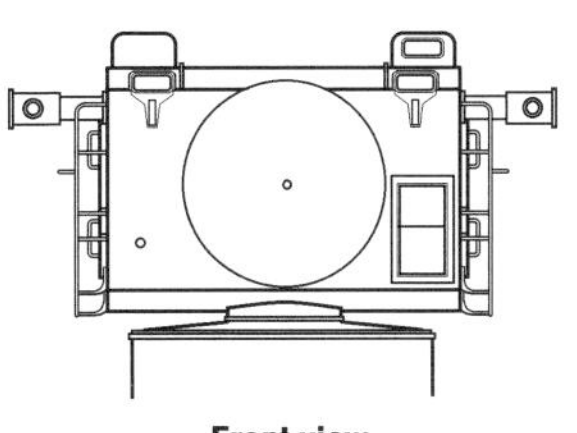

Front view
Widok z przodu

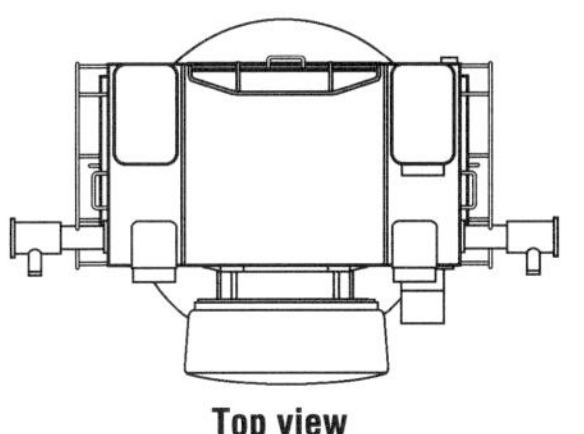

Top view
Widok z góry

Antenna of the long range radar DRBV-20
Antena radaru dalekiego zasięgu DRBV-20

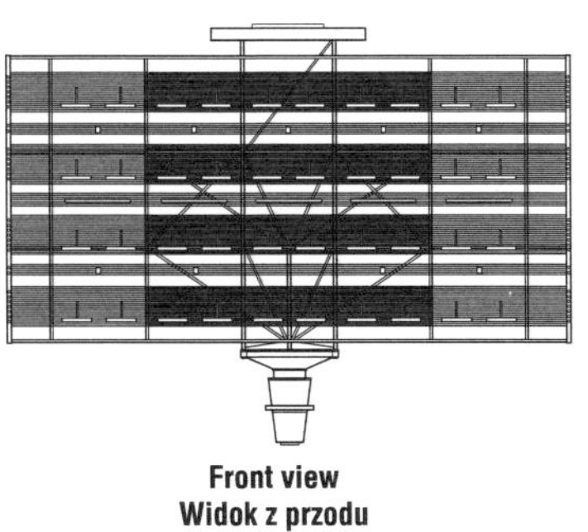

Front view
Widok z przodu

Side view (frame construction)
Widok z boku (konstrukcja ramy)

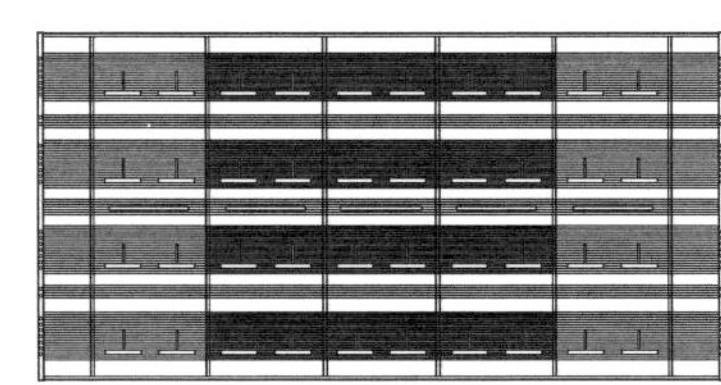

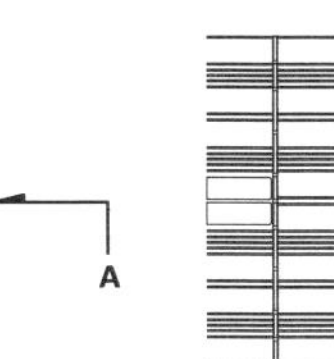

Mesh
Widok siatki

Antenna of the air oversight radar DRBV-23
Antena radaru dozoru powietrznego DRBV-23

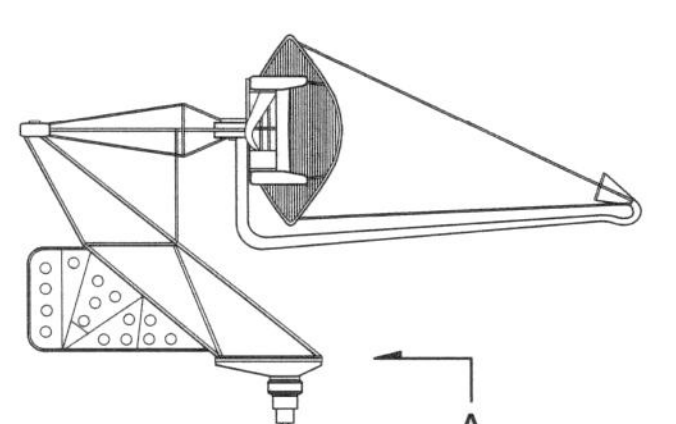

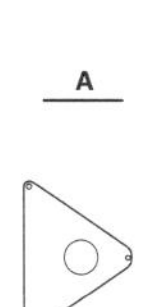

Starboard view
Widok z prawej strony

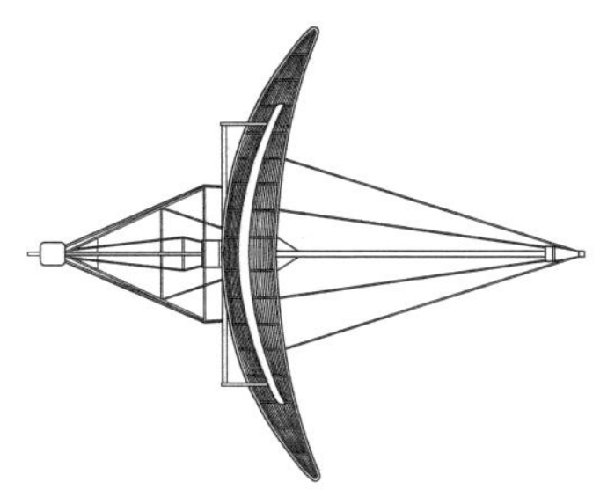

Top view
Widok z góry

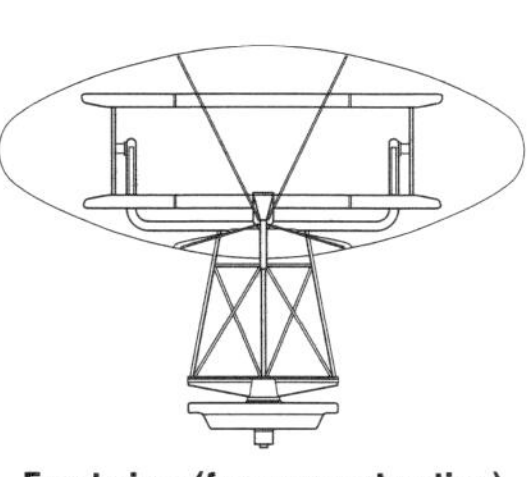

Front view (frame construction)
Widok z przodu (konstrukcja ramy)

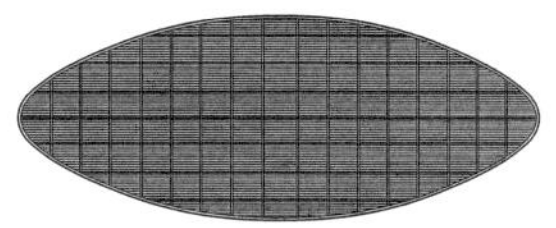

Mesh
Widok siatki

Antenna of the tracking radar DRBI-10
Antena radaru śledzenia DRBI-10

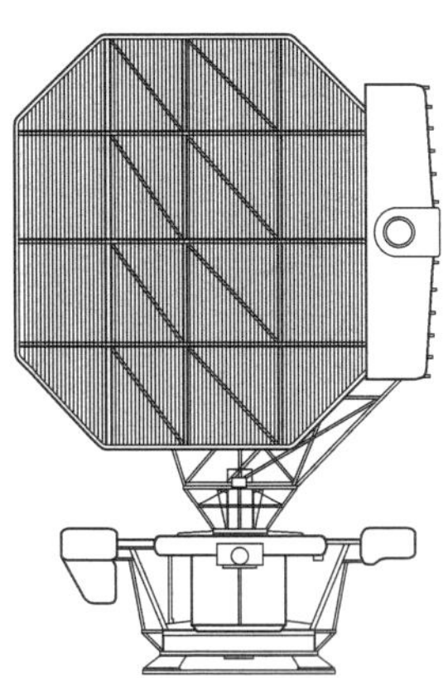

Front view
Widok z przodu

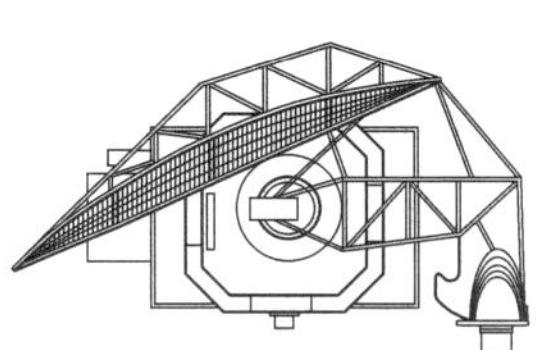

Top view
Widok z góry

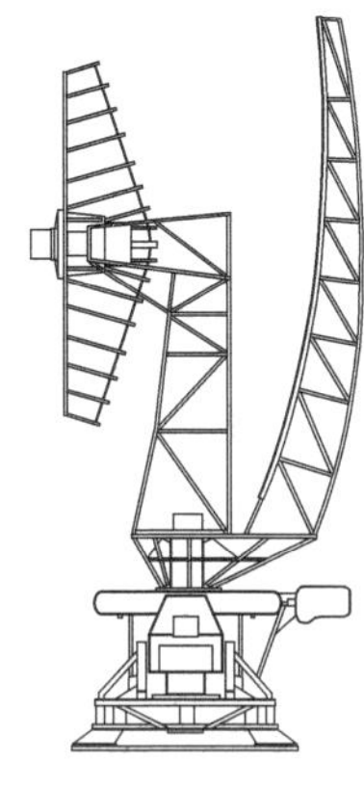

Port side view
Widok z lewej burty

Deck crane
Dźwig pokładowy

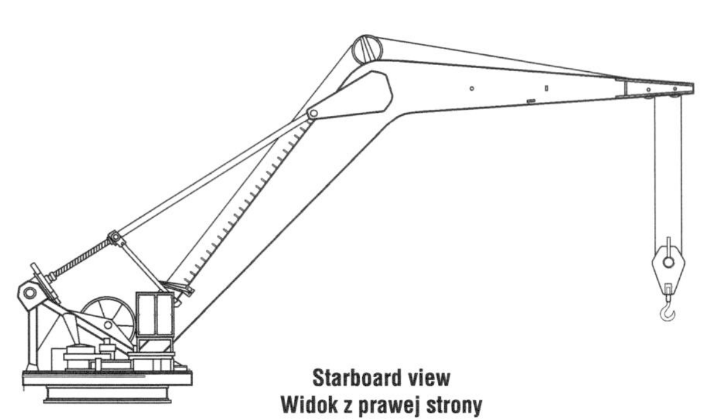

Starboard view
Widok z prawej strony

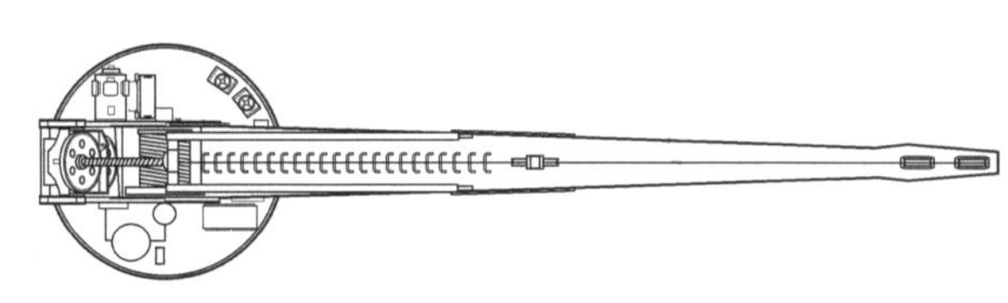

Top view
Widok z góry

Scale/Skala: 1/200, 1/100

TOPDRAWINGS
Drawings/rysował: © Witold Koszela

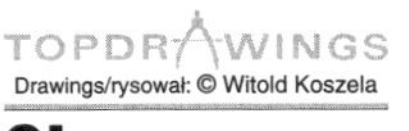

Clemenceau

7-meter motorboat
7-metrowa łódź motorowa

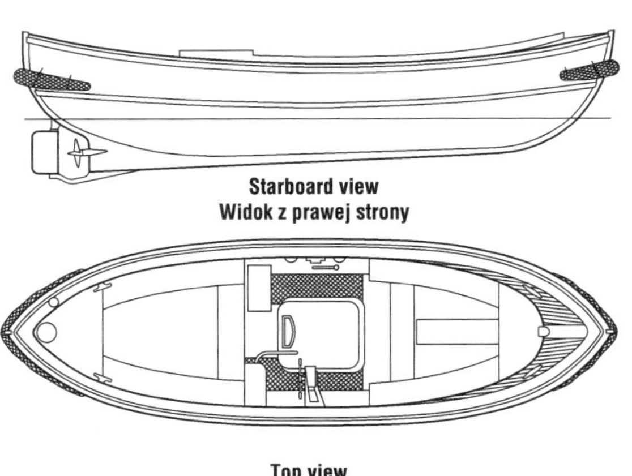

Starboard view
Widok z prawej strony

Top view
Widok z góry

8-meter fast motorboat
8-metrowa szybka łódź motorowa

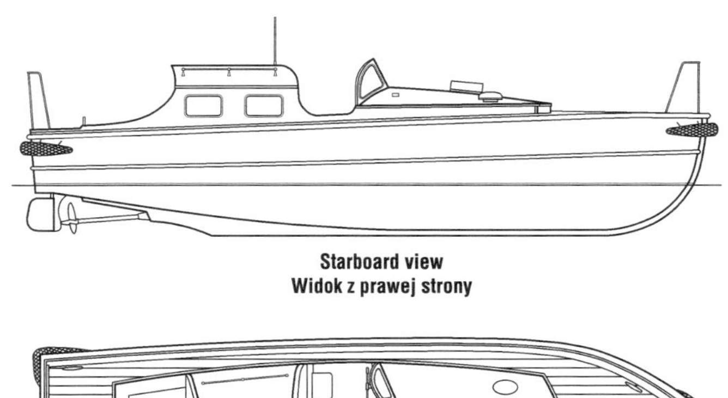

Starboard view
Widok z prawej strony

Top view
Widok z góry

Flying equipment, Aérospatiale SA319 Alouette helicopter
Wyposażenie lotnicze, śmigłowiec Aerospatiale SA 319 Alouette

Port side view
Widok z lewej strony

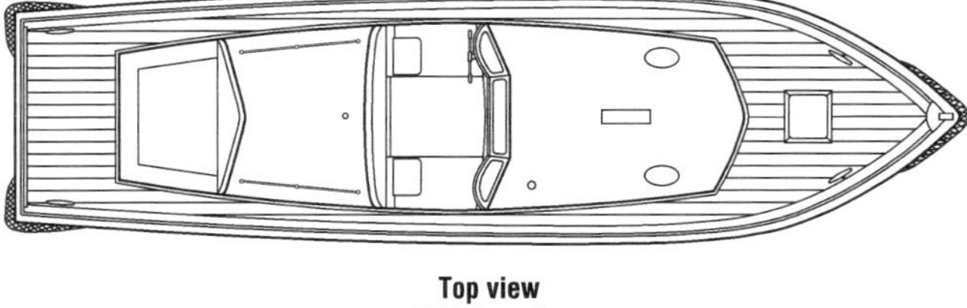

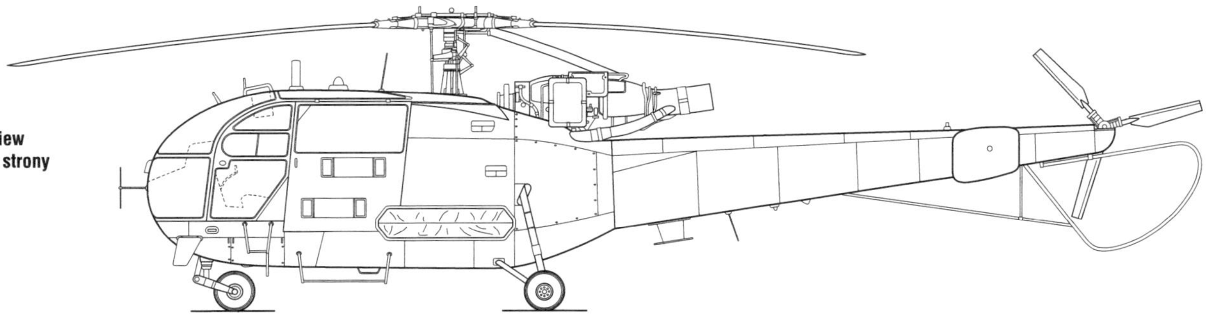

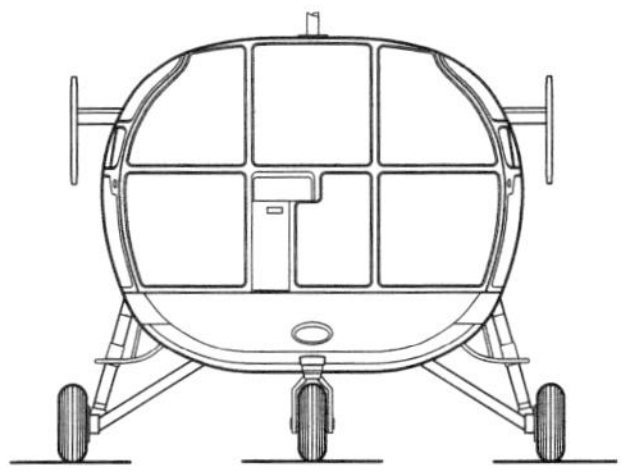

Front view
Widok z przodu

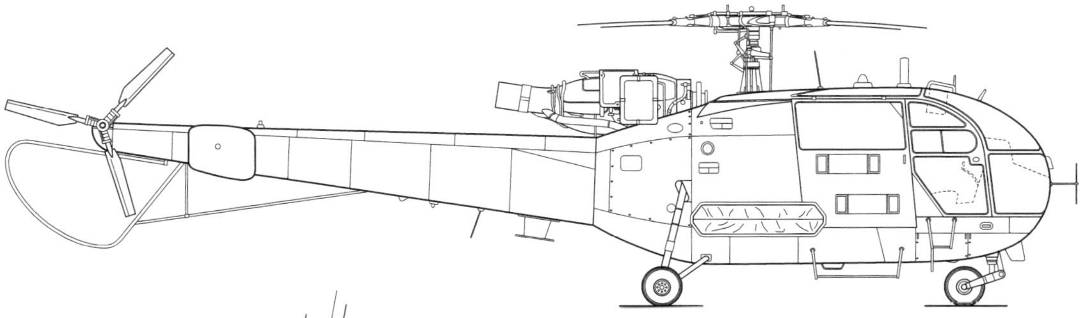

Starboard view
widok z prawej strony

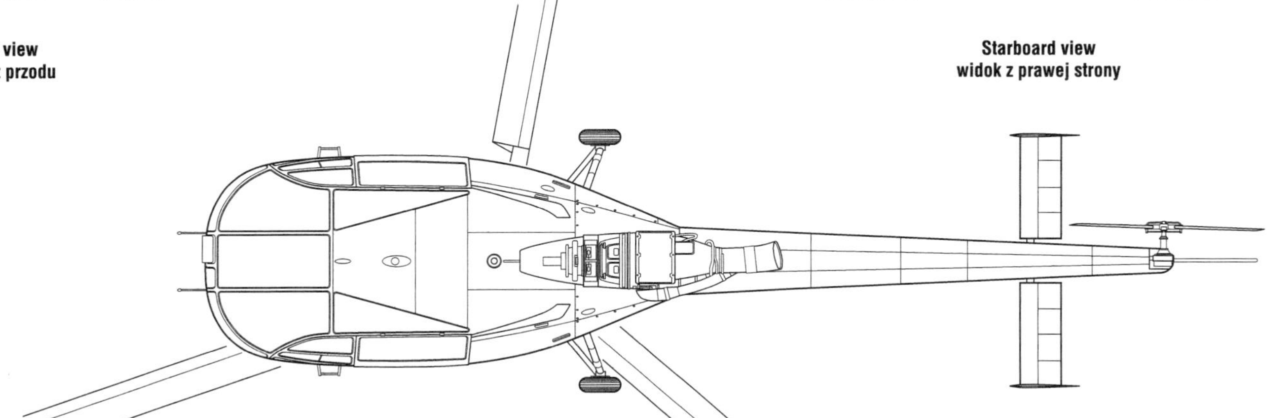

Top view
Widok z góry

Scale/Skala: 1/200, 1/72

Sikorsky HSS-1 Seabat helicopter
Śmigłowiec Sikorsky HSS-1 Seabat

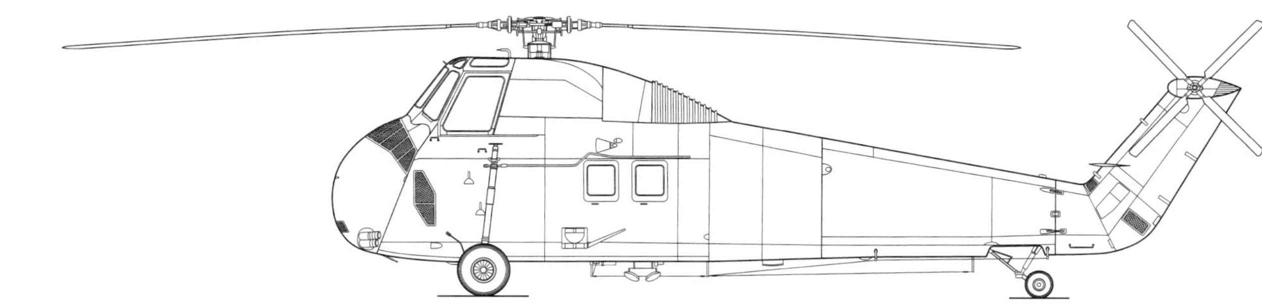

Port side view
Widok z lewej strony

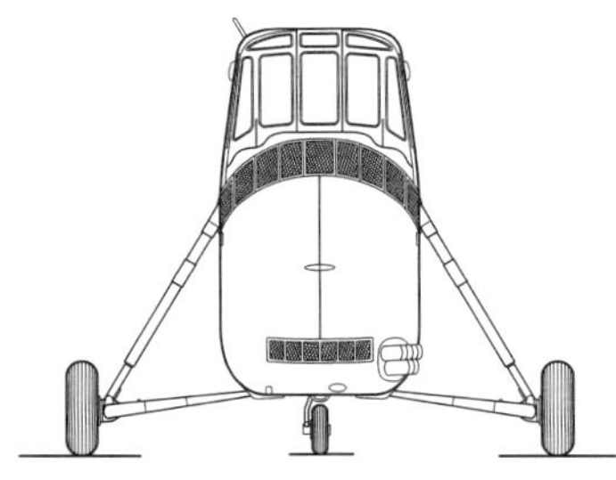

Front view
Widok z przodu

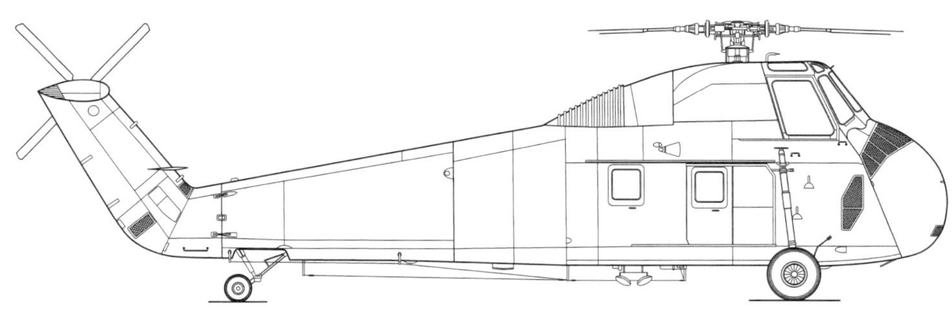

Starboard view
widok z prawej strony

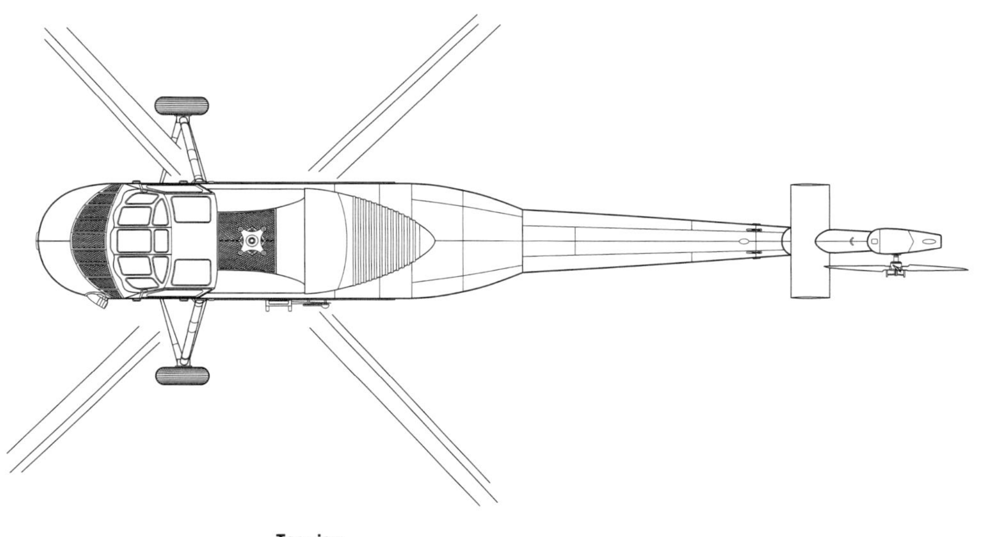

Top view
widok z góry

Scale/Skala: 1/144

Aérospatiale SA321 Super Frelon
Śmigłowiec Aerospatiale SA 321 Super Frelon

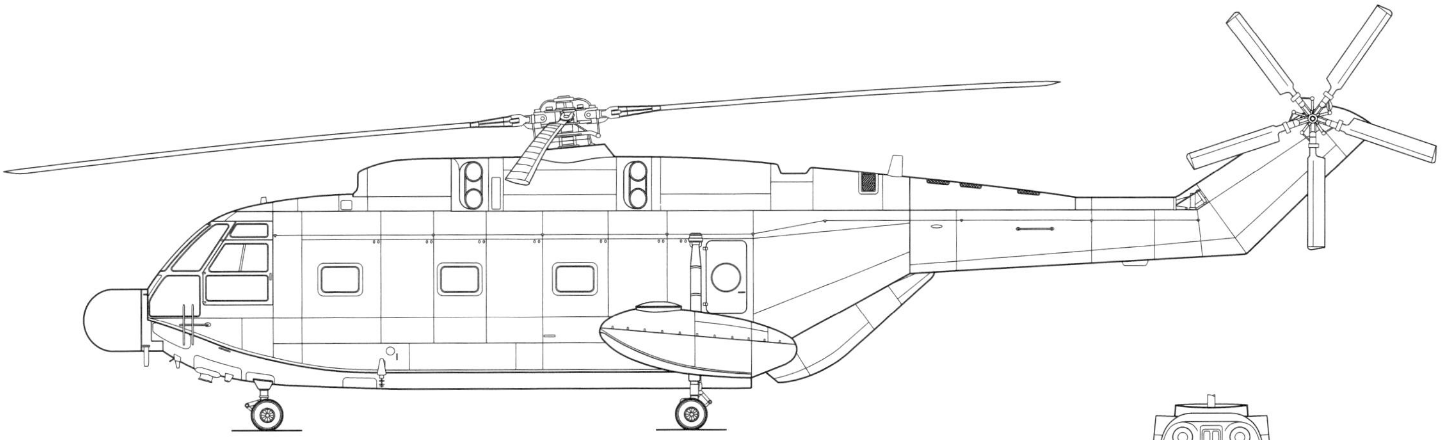

Port side view
Widok z lewej strony

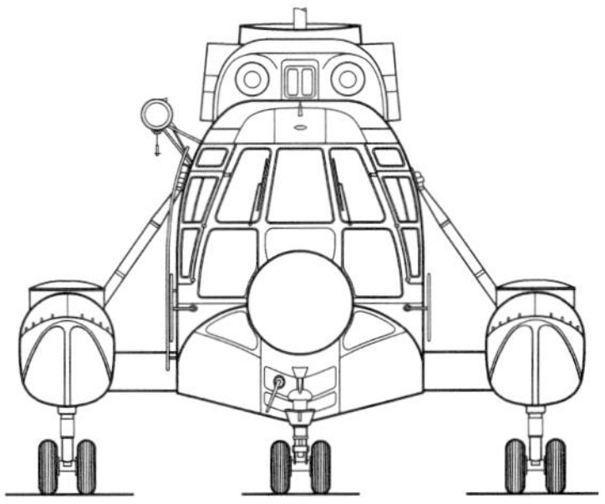

Front view
Widok z przodu

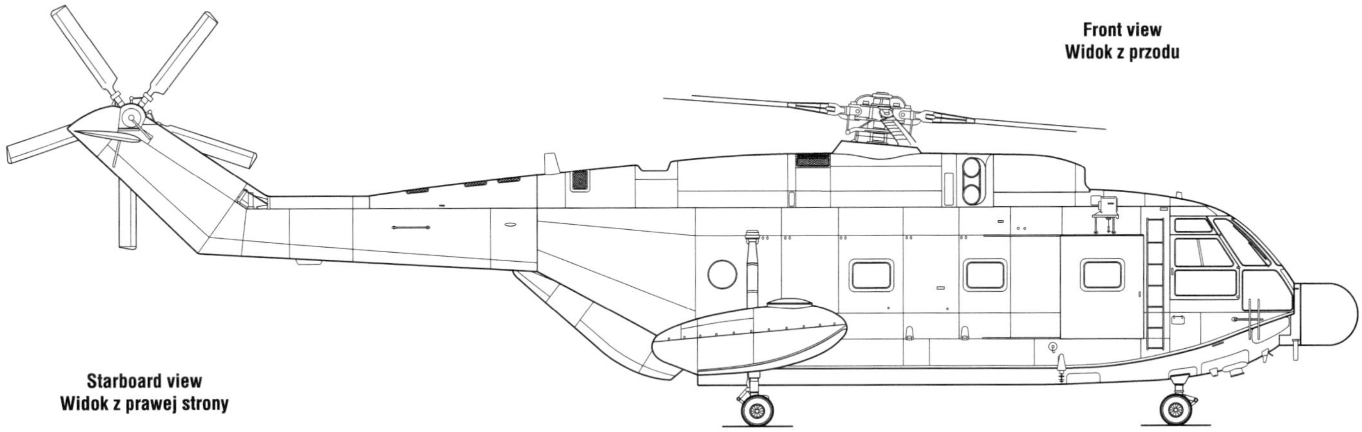

Starboard view
Widok z prawej strony

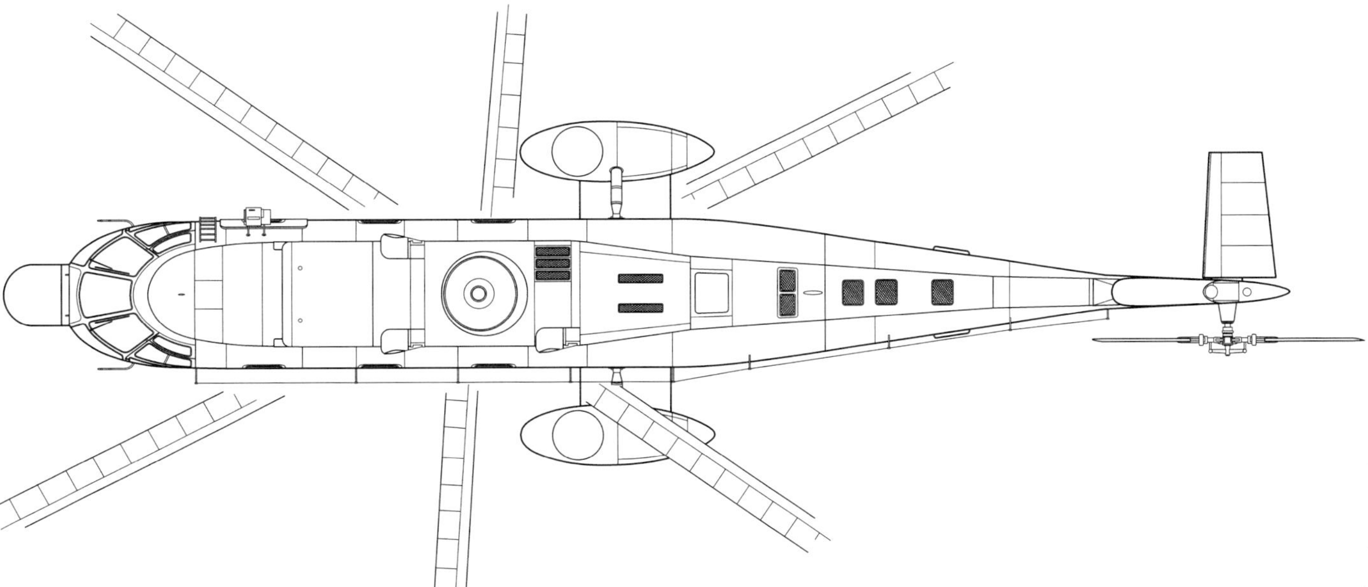

Top view
Widok z góry

Scale/Skala: 1/144

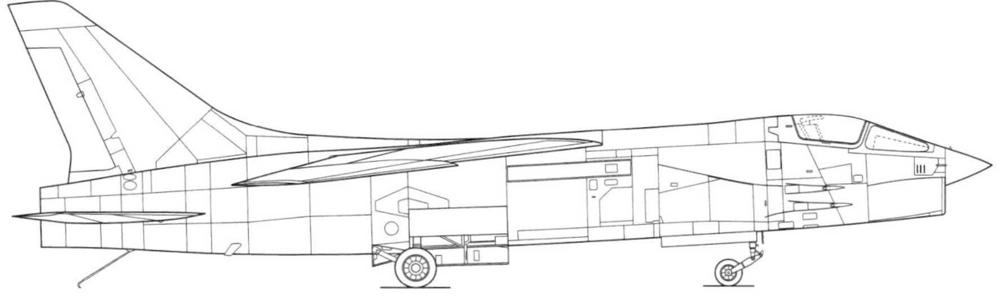

Starboard view
Widok z prawej strony

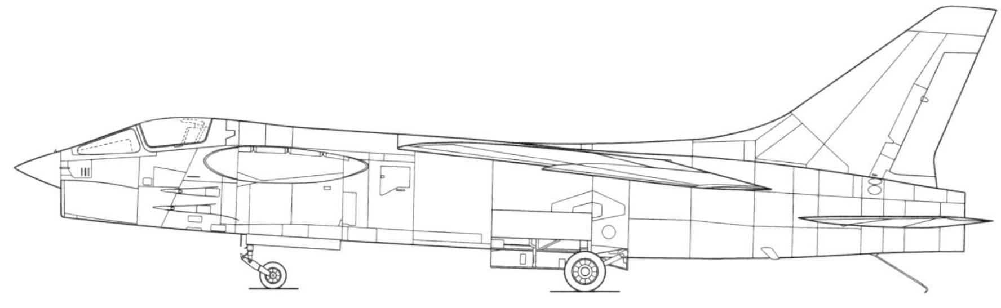

Port side view
Widok z lewej strony

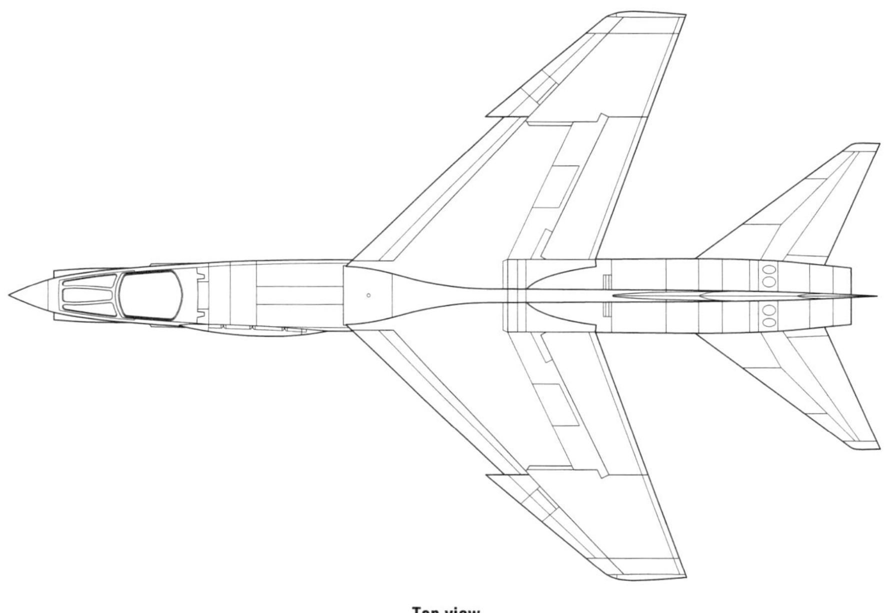

Top view
Widok z góry

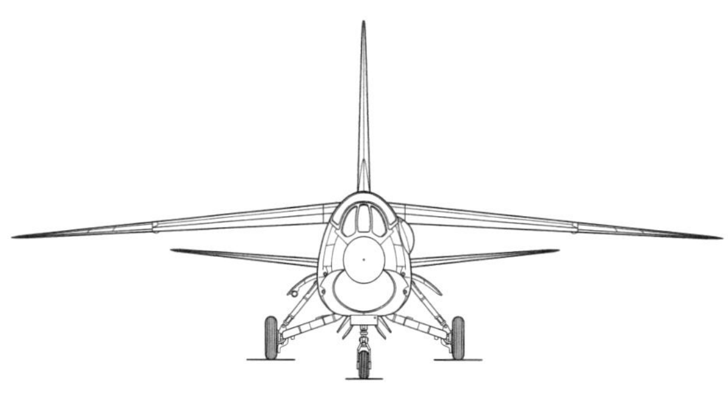

Front view
Widok z przodu

Scale/Skala: 1/144

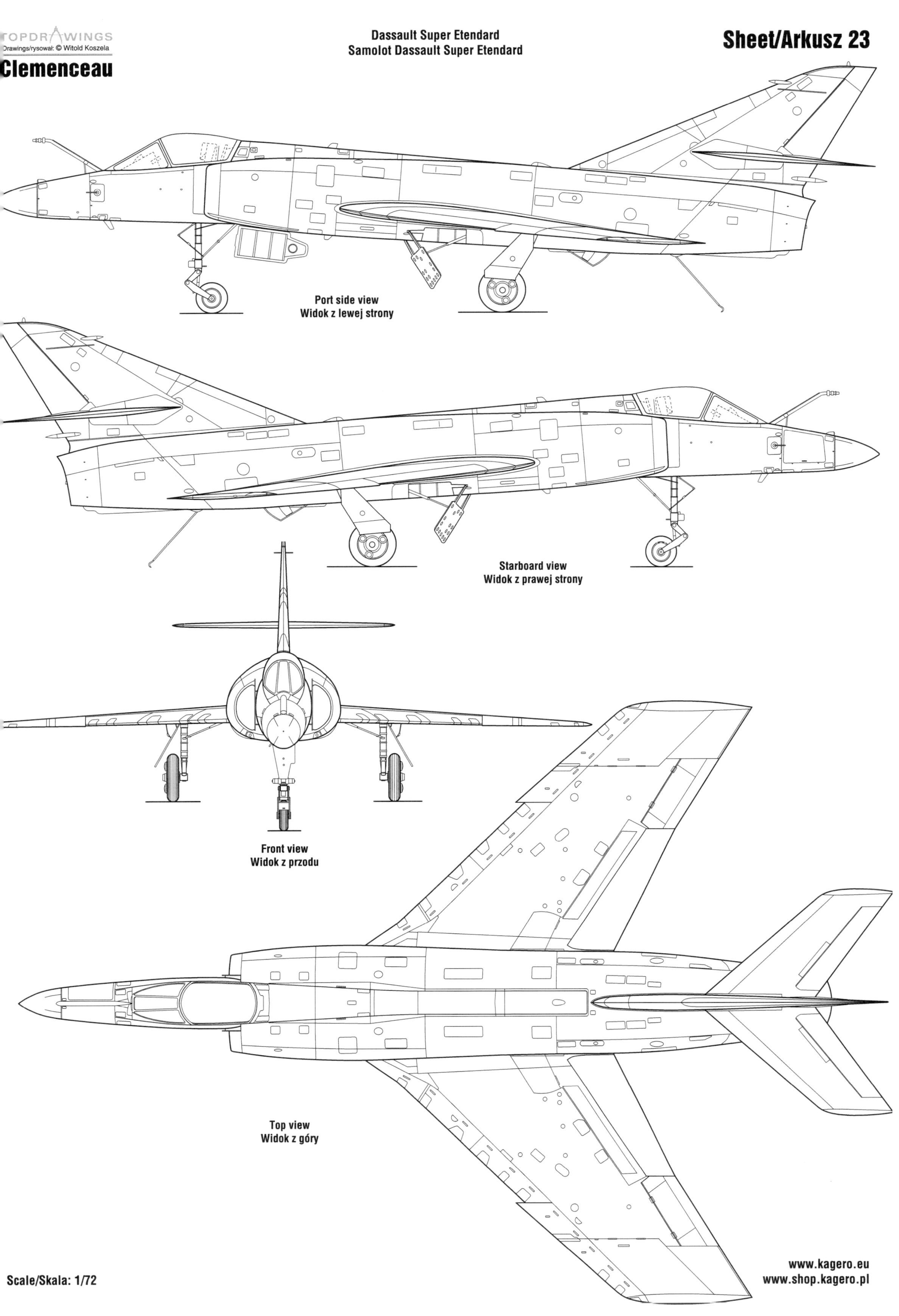
TOPDRAWINGS
Drawings/rysował: © Witold Koszela
Clemenceau
Dassault Super Etendard
Samolot Dassault Super Etendard
Sheet/Arkusz 23
Port side view
Widok z lewej strony
Starboard view
Widok z prawej strony
Front view
Widok z przodu
Top view
Widok z góry
Scale/Skala: 1/72
www.kagero.eu
www.shop.kagero.pl

Dassault Etendard IV P
Dassault Etendard IV P

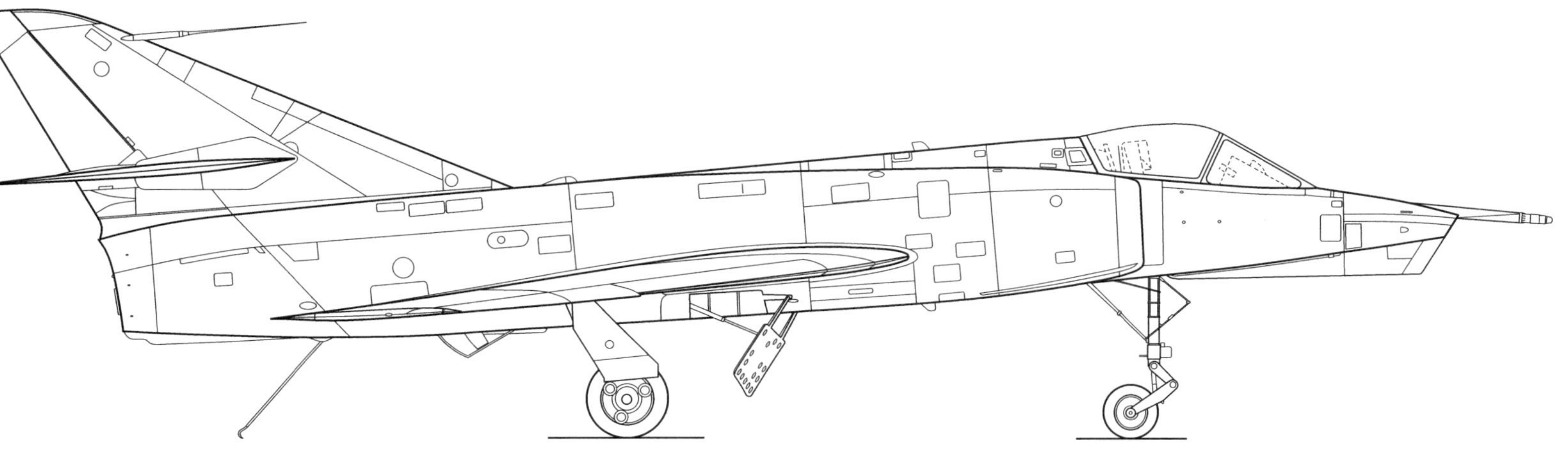

Starboard view
Widok z prawej strony

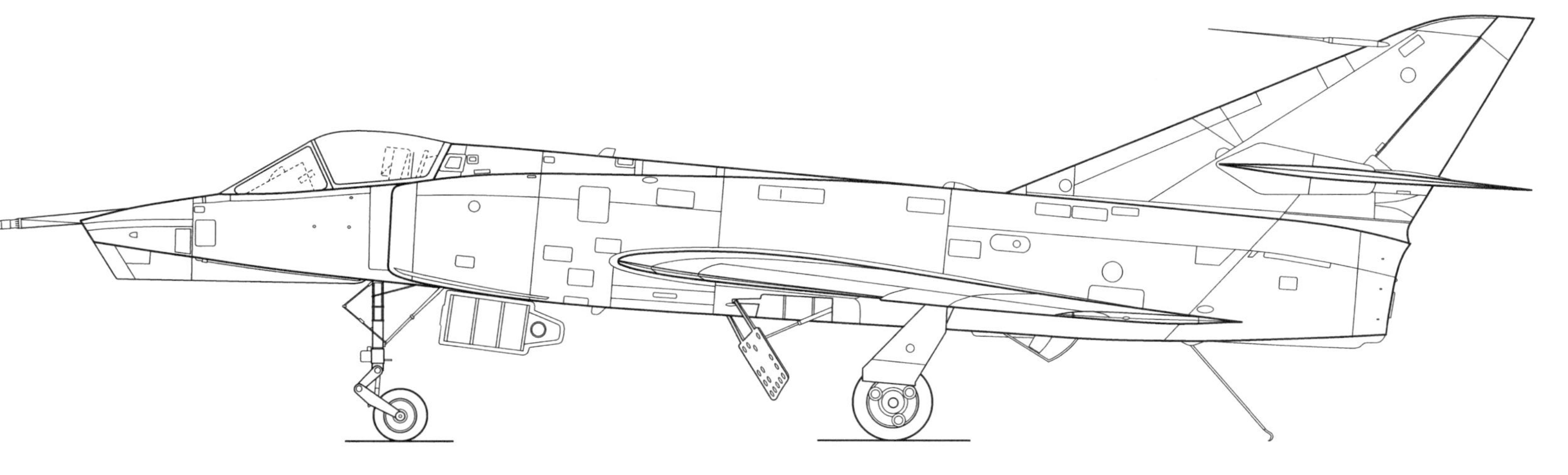

Port side view
Widok z lewej strony

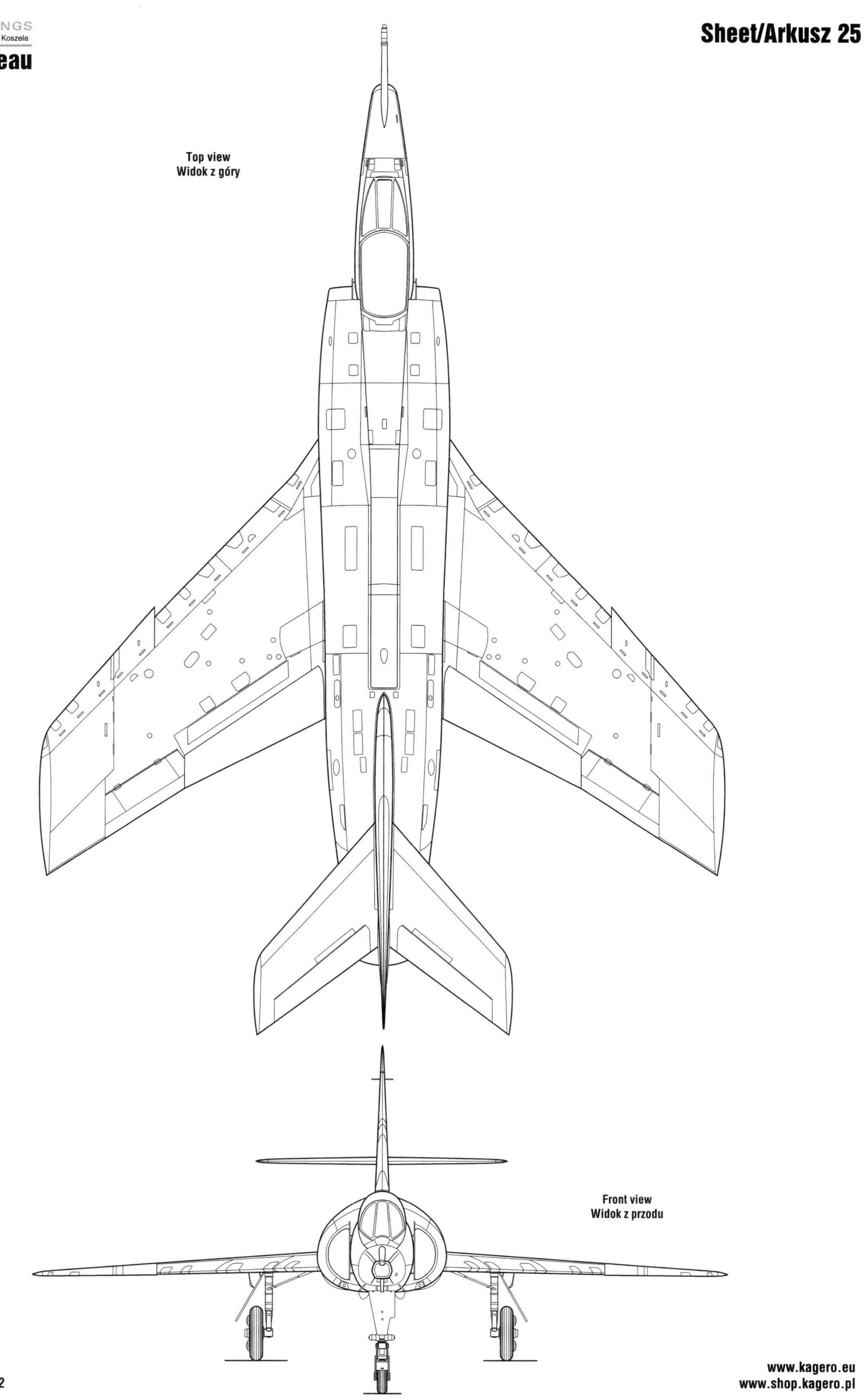

Scale/Skala: 1/72

Clemenceau

Breguet 1050 Alize
Samolot Breguet Br. 1050 Alize

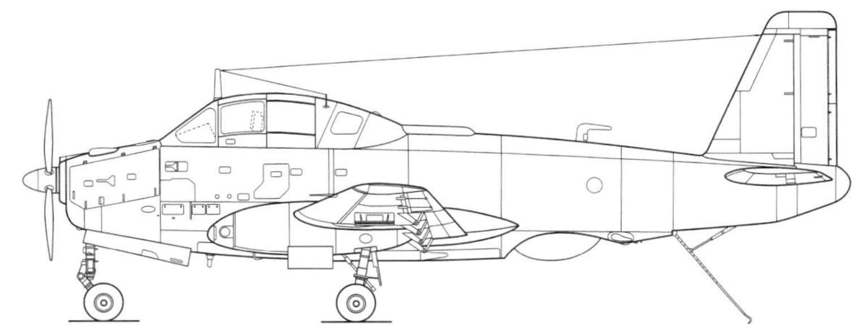

Port side view
Widok z lewej strony

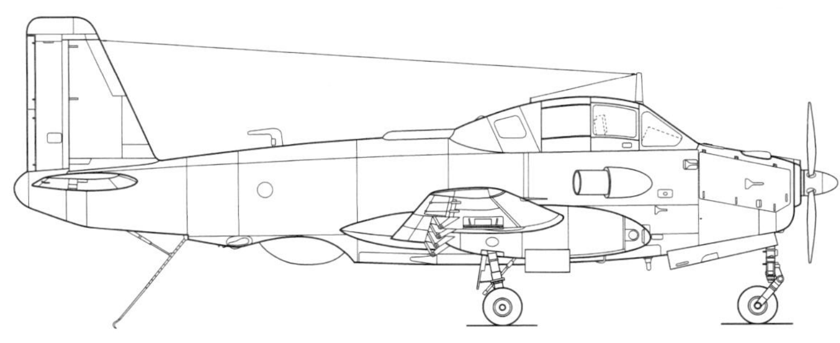

Starboard view
Widok z prawej strony

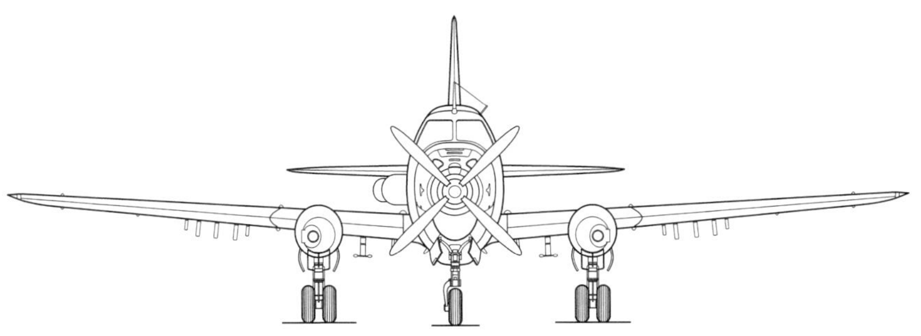

Front view
Widok z przodu

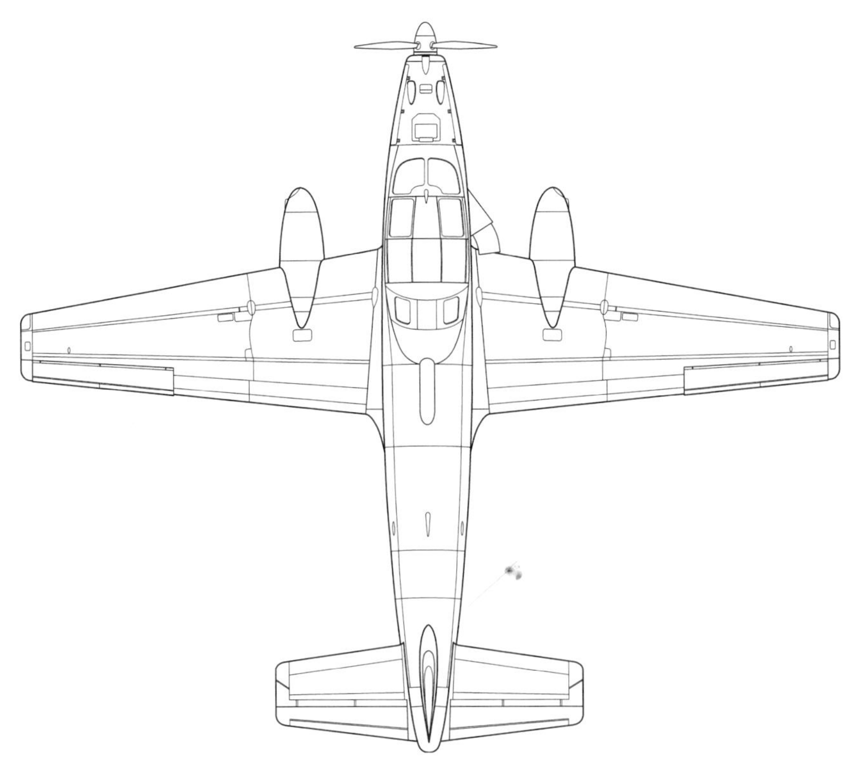

Top view
Widok z góry

Scale/Skala: 1/144